2,-
W06

4.

<u>dtv</u>

W0229284

Mit Freunden können wir Spaß haben und in die Tiefe gehen, Freunde lassen uns ganz Mensch sein. Anselm Grün, der aus seinen eigenen Erfahrungen und vielen Beratungsgesprächen weiß, wie wichtig ein Freund, eine Freundin für die eigene Lebensbewältigung ist, erzählt von dem Reichtum, der in der Welt der Freundschaft verborgen ist. Er spricht über das Verhältnis von Liebe und Freundschaft und die Freundschaft mit Gott. Außerdem gibt er Anregungen, wie wir uns für Freunde öffnen und unsere Freundschaften pflegen können.

Anselm Grün, geboren 1945, ist Benediktinermönch und Autor zahlreicher Bestseller. Der Cellerar der Abtei Münsterschwarzach wird von vielen als geistlicher Berater geschätzt und gehört zu den meistgelesenen christlichen Gegenwartsautoren.

Anselm Grün

Ich wünsch dir
einen Freund

Deutscher Taschenbuch Verlag

Von Anselm Grün sind im
Deutschen Taschenbuch Verlag erschienen:
Menschen führen – Leben wecken (34277)
Damit dein Leben Freiheit atmet (34392)

Ungekürzte Ausgabe
Oktober 2007
Deutscher Taschenbuch Verlag GmbH & Co. KG,
München
www.dtv.de
© 2002 Vier-Türme GmbH, Verlag,
97359 Münsterschwarzach Abtei
Alle Rechte vorbehalten.
Umschlagkonzept: Balk & Brumshagen
Umschlagfoto: Peter Schinzler
Satz: Filmsatz Schröter, München
Druck und Bindung: Druckerei C. H. Beck, Nördlingen
Gedruckt auf säurefreiem, chlorfrei gebleichtem Papier
Printed in Germany · ISBN 978-3-423-34441-8

Inhalt

Einleitung   9

Gespräche über die Freundschaft   15

Der Freund – die beste Medizin   21

Freunde sind Helfer in der Not   25

Briefe zum Herzen des Freundes   29

Wo Freunde sind, bin ich zu Hause   33

Sich öffnen – wie man sich für
Freundschaften bereit macht   37

Sich selber Freund sein   42

Freund werden heißt: Mensch werden   46

Freundschaft bedeutet Freiheit   50

Freundschaft und Liebe unterscheiden
sich voneinander …   54

… doch ohne Freundschaft stirbt die Liebe   59

Vier Gefahren für die Freundschaft   63

Das Ende einer Freundschaft   67

Die Freundschaft zwischen
Mensch und Tier   72

Was Freunde für Kinder und
Jugendliche bedeuten   75

Männerfreundschaften   80

Frauenfreundschaften   85

Freundschaften zwischen Frauen
und Männern   89

Spirituelle Freundschaften zwischen Frauen
und Männern   93

Jesus als Freund   97

Schluß   103

Literatur   107

Liebe Leserin, lieber Leser,

ich wünsche Dir einen Freund,
mit dem Du Deine Gedanken und Gefühle,
Deine Erfahrungen und Erlebnisse
teilen kannst.

Ich wünsche Dir eine Freundin,
bei der Du Dich
zu Hause fühlst,
in deren Nähe Du Dein
wahres Selbst entdecken
und Du dankbar sein kannst
für das Geschenk Deines Lebens
und für das Geschenk der Freundschaft.

Dein Anselm Grün

Einleitung

Gute Freundschaften sind für uns heute wichtiger denn je. Paartherapeuten können ein Lied davon singen, wie schwierig die Beziehungen zwischen Mann und Frau in der Ehe geworden sind. Die Scheidungsrate nimmt erschreckend zu. Die Ehe ist nicht mehr der sichere Halt, der sie einmal war. Mitten in dieser Unsicherheit hinsichtlich fester, lebenslänglicher Beziehungen wächst bei den Menschen die Sehnsucht nach Freundschaft. Nach Freundschaft sehnen wir uns alle. Und gerade viele Singles, die davor zurückschrecken, sich auf eine lebenslange Bindung einzulassen, leben heute vor allem von Freundschaften. Die Freundschaft ist eines der am meisten ersehnten und am höchsten geschätzten Güter. Gibt es auch in der Soziologie kritische Stimmen zur Ehe, die Freundschaft stellt niemand in Frage. Sie ist für viele ein Halt in der Haltlosigkeit, ein Zuhause im Unbehaustsein, Heimat in der Heimatlosigkeit.

Die griechischen Philosophen haben mehr über die Freundschaft geschrieben als über Ehe und Familie. Im 18. Jahrhundert blühte in der Philosophie und in der Dichtkunst die Freundschaft auf. Das 19. Jahrhundert war dagegen geprägt durch die Fixierung auf die Familie. Die bürgerliche Gesellschaft lebte von der Hochschätzung der Familie. Heute deckt die Familie nicht mehr die Bedürfnisse und Sehnsüchte vieler Menschen ab. Und auch andere Beziehungen sind heute unsicher geworden, etwa die Gemeinschaft einer Firma, die heute aufgeweicht wird durch ständige Umstrukturierungen, so daß kaum mehr eine Abteilung über längere Zeit eine kontinuierliche Zusammensetzung aufweist. In diesem Umfeld familiärer und beruflicher Unsicherheit halte ich es daher für an der Zeit, neu über die Freundschaft nachzudenken. Und ich hoffe, daß ich dir, lieber Leser, liebe Leserin, mit diesem Buch über die Freundschaft die Augen öffnen kann für die haltgebenden und beglückenden Erfahrungen, die du mit Freunden und Freundinnen machen kannst und gerade erlebst.

Soziologen sprechen heute von einer Demokratisierung des privaten Zusammenlebens. Ihr entsprechen Freundschaftsbeziehungen, die auf Gleichberechtigung und Freiwilligkeit aufgebaut

sind. Die Menschen sind heute skeptisch gegenüber Institutionen wie Kirche und Staat, wie Familie und Verein. Die Freundschaft ist keine Institution. Sie ist eine freiwillige Beziehung, die jeder
selber wählt, ganz nach seinem Geschmack und
so, wie es ihm guttut. Wenn ich manchmal auf
meinen nächtlichen Autofahrten Radio höre, um
nicht einzuschlafen, dann stoße ich immer wieder auch auf Schlager, die das Lied der Freundschaft besingen. Offensichtlich ist das Bedürfnis
nach Freundschaft bei aller Unsicherheit und bei
allem Wissen um das Zerbrechen von Beziehungen heute ungebrochen.

Jeder meint zu wissen, was Freundschaft ist.
Doch Freundschaften gehen oft auch auseinander,
weil man sie zu unbewußt lebt. Da gibt es die Erwartungen an den andern, er sollte mein Freund
sein. Da gibt es ganz bestimmte Vorstellungen von
Freundschaft, in die man den andern einzwängt.
Worin besteht Freundschaft wirklich? Was sind
ihre Wesensmerkmale? Was ist das eigentlich Be-
glückende an der Freundschaft? Der griechische
Philosoph Demokrit glaubt, daß Freundschaft
notwendig sei für ein gutes Leben. Heute sehen
das viele Menschen ähnlich. Freundschaft gehört
für sie zu den höchsten Werten des Lebens. Aber
häufig zerbrechen Freundschaften wieder, weil

man unterschiedliche Erwartungen und unklare Vorstellungen von ihr hat.

In diesem Buch möchte ich nicht systematisch über die Freundschaft schreiben. Ich möchte einige Stimmen aufgreifen, die in der Geschichte der Philosophie, der Theologie und der Dichtung über die Freundschaft ertönt sind. Und ich möchte mich auf ein Gespräch beziehen, das ein ausgewählter Freundeskreis hier in der Abtei geführt hat, um die eigenen Vorstellungen und Wünsche an die Freundschaft in Worte zu fassen. Neun Männer und Frauen, Verheiratete, Singles und Mönche, die bewußt die Ehelosigkeit gewählt haben, haben sich zusammengesetzt, um bei einem Glas Rotwein über ihre Erfahrungen von Freundschaft zu reden. Sie entwickelten keine Theorie der Freundschaft, sondern sie erzählten, was ihnen Freundschaft bedeutet, welche Bilder von Freundschaft ihnen wichtig sind. Da wurde deutlich, daß Freundschaft etwas sehr Intimes ist. Freundschaft braucht Zeit, Stille, Empfindsamkeit. Nicht Handy und E-Mail sind Zeichen echter Freundschaft, sondern Sich-Zeit-Nehmen, um einen Brief an den Freund oder die Freundin zu schreiben. Die Zeit, die wir uns für das Gespräch über Freundschaft genommen haben, wurde zu einer erfüllten Zeit. Da war etwas spürbar vom Geist der Freundschaft. Etwas von der Atmosphäre dieses Gespräches und von den Erfahrungen, die diese neun Männer und Frauen mit der Freundschaft gemacht haben, soll in dieses Buch einfließen.

Ich wünsche dir, lieber Leser, liebe Leserin, daß dir die Gedanken über die Freundschaft helfen, deine Freundschaften in einem neuen Licht zu sehen. Es geht mir nicht um Ratschläge, wie eine Freundschaft gelingen kann, sondern vielmehr um Ermutigung, den eigenen Sehnsüchten und Erfahrungen zu trauen.

Viele Menschen klagen: »Ich habe ja keinen Freund.« Vielleicht rührt diese Klage von einem zu hohen Ideal von Freundschaft. Jeder von uns hat Freunde. Nicht jede Freundschaft entspricht dem Ideal absichtsloser und reiner Freundschaft. Aber dennoch ist in jeder Freundschaft etwas zu spüren von der Sehnsucht nach einem, der zu mir steht und bei mir ist, auf den ich mich verlassen kann, der mir das eigene Leben bereichert, auch wenn es nur für eine gewisse Zeit ist.

Ich wünsche dir, daß du einen Freund oder eine Freundin hast, die/der dein Leben bereichert und dir das Gefühl gibt, daß du wertvoll und einmalig bist, daß du durch deine Freundschaft deinen Freund und deine Freundin beschenkst und beglückst und daß du selbst in der Freundschaft Halt und Geborgenheit, Weite und Freiheit, Lebendigkeit und Liebe erfährst.

Gespräche über die Freundschaft

Der Gesprächsabend, den wir Mönche gemeinsam mit Freunden und Freundinnen gehalten haben, erinnert mich an die Symposien, an die gemeinsamen Mahlzeiten, zu denen die griechischen und römischen Philosophen zusammenkamen, um über die Themen zu sprechen, die sie bewegten. Ein wichtiges Thema, das bei diesen Symposien immer wieder erörtert wurde, war das der Freundschaft. Griechische und römische Dichter und Philosophen lebten aus dem Schatz der Freundschaft. Die Griechen gelten als das klassische Volk der Freundschaft. Sie waren der Überzeugung, daß der Mensch der Freundschaft bedarf, wenn er nicht Schaden an seiner Seele nehmen will.

Für die griechischen Philosophen ist die Freundschaft immer Ausdruck von Tugend. Pythagoras, der selbst einen philosophischen Freundesbund leitete, nennt die Freundschaft die Mutter aller Tugenden. Freundschaft können daher nur Menschen miteinander schließen, die nach Tugend streben und in denen ein guter Kern ist. Wer nur um sich selbst kreist, der ist in sich gefangen und unfähig zur Freundschaft. Doch bei aller menschlichen Voraussetzung für das Entstehen echter Freundschaft haben die Menschen immer auch erfahren, daß es ein Gottesgeschenk ist, wenn zwei Menschen zueinanderfinden. So sagt der bedeutendste aller griechischen Philosophen, Plato: »Gott macht die Freunde; Gott bringt den Freund zum Freund.« In der Freundschaft – so meint Plato – blitzt etwas auf vom Geheimnis Gottes.

Freundschaft ist nicht machbar. Im Geschenk der Freundschaft erahnen die Menschen die zärtliche Zuwendung Gottes, das, was der theologische Begriff von Gnade meint. Freunde wissen oft selber nicht, warum sie Freunde geworden sind und wie die Freundschaft entstanden ist. Es ist immer etwas Geheimnisvolles um das Werden der Freundschaft. Auf einmal ist sie da. Gott hat die Türe in meinem Herzen gerade für diesen Menschen geöffnet.

Für Plato kann nur der einem andern Freund sein, der sich selbst Freund ist, der mit sich selbst freundlich umgeht. Freundschaft mit sich selbst bedeutet, die eigene Seele zu ordnen und sie auf das Gute hinzuordnen. Doch um das Geheimnis der eigenen Seele zu entdecken, brauche ich nach Plato einen Freund, der mir hilft, mich immer mehr dem Guten zuzuwenden. Für mich ist diese Einsicht des Plato sehr wichtig geworden. Wenn jemand im Gespräch darüber klagt, daß er keinen Freund habe, daß er niemanden habe, der ihm Nähe schenke, frage ich immer zurück: »Bist du dir denn selbst nahe? Bist du dir selbst Freund?« Manchmal erwarten wir alles vom andern. Wir werden aber die Nähe des Freundes nur genießen können, wenn wir uns selbst gerne nahe sind, wenn wir freundlich mit uns selbst umgehen.

Für Epikur, einen anderen griechischen Philosophen, ist die Freundschaft das Wichtigste, was die Weisheit für die Glückseligkeit eines erfüllten Lebens bereithält. Freundschaft schenkt Sicherheit, befreit von Angst und ist die Grundbedingung für wahres Glück. Und Freundschaft ist für ihn immer auch dazu da, das Leben intensiver zu leben. Freundschaft hat also mit Lust zu tun. Sie ist »Stifterin von Lebenslust sowohl für unsere Freunde als auch für uns selbst«, sagt Cicero. Epikur preist die Freundschaft mit hymnischen Worten: »Die Freundschaft tanzt einen Reigen um die bewohnte Welt und mahnt uns, einem Herold gleich, aufzuwachen zu einem glücklichen

Leben.« Doch Epikur hat nicht nur über die Freundschaft geschrieben, er hat sie auch gelebt. Er kaufte im Jahre 306 v. Chr. ein Haus im Grünen, um dort mit einigen Freunden zu leben. Für Epikur, den manche frühchristlichen Autoren verdächtigten, daß er nur die Lust des Menschen anstrebe, gehört zur wahren Freundschaft auch, daß man bereit ist, für den Freund sein Leben hinzugeben.

Eine umfassende Freundschaftstheorie hat der griechische Philosoph Aristoteles entworfen. Er kennt drei Arten der Freundschaft: die Freundschaft um des Nutzens, der Lust oder des Guten willen. Die ersten beiden Freundschaften sind für ihn im Grunde egoistisch und halten meist nur kurze Zeit. Nur die um des Guten willen geschlossenen Freundschaften sind dauerhaft und verdienen eigentlich den Namen Freundschaft. In ihnen wird sichtbar, daß beide das gleiche wollen oder – wie Aristoteles sagt – daß Freunden alles gemeinsam ist. Eine Voraussetzung für das Gelingen von Freundschaft ist für Aristoteles, daß der Freund das Glück des anderen wünscht, daß er ihm wohlwollend begegnet und daß Vertrautheit entsteht. Auch für Aristoteles ist die Freundschaft Voraussetzung für das Glück des Menschen. Denn der Mensch kann nicht vollkommen glücklich sein, wenn er nur auf sich selbst beschränkt ist. Der Mensch ist von seinem Wesen her auf Freundschaft angelegt.

Der deutsche Philosoph Harald Lemke meint, Aristoteles habe die Freundschaft zu sehr unter moralischen Gesichtspunkten gesehen. So meint er, daß auch die zeitweise Freundschaft um eines Zweckes willen nicht schlecht sei. Natürlich steht bei Freundschaften, die vor allem auf Annehmlichkeit aus sind, nicht die Beziehung im Vordergrund, sondern ein bestimmter Zweck, etwa ein gemeinsamer Stadionbesuch, ein gemeinsames Kartenspiel oder Hilfe bei der Suche nach einer guten beruflichen Stelle. All diese Freundschaften haben auch ihren Wert. Allerdings führen sie leichter zu Enttäuschungen, weil sie unverbindlich und daher unbeständig sind. Cicero spricht davon, daß diese Freundschaften »hinken«. Zwischen Zweckfreunden kommt es, so Lemke, »leicht zu Täuschungen, Mißverständnissen, unerfüllten Erwartungen, Verfehlungen, Heuchelei und dem Gefühl des Ausgenutztseins«. Dennoch steckt auch in diesen Formen der Freundschaft die Sehnsucht nach einem verläßlichen Freund, nach einem Menschen, der zu mir steht, dem ich wichtig bin und dem ich vertrauen kann. Anstatt solche Freundschaften abzuwerten, gilt es eher, sie zu kultivieren und mit der eigentlichen Sehnsucht in Berührung zu kommen, die sich in solchen Verbindungen und Bünden ausdrückt.

Es gibt in der Gesellschaft viele Weisen, Freundschaft einzuüben. Man könnte sie auch Vorformen der Freundschaft nennen. Das sind zum Beispiel die Studentenverbindungen, die Sportsfreunde, die Parteifreunde, der Freundesclub. Es gibt heute viele Bücher, die uns aufzeigen wollen, wie wir Freunde gewinnen können. Allerdings geht es da oft nur um verzweckte Freundschaften. Man braucht Freunde, um gute geschäftliche Beziehungen zu knüpfen und um Einfluß auf die Politik zu nehmen. Da geht es nicht um Seelenverwandtschaft, sondern um die Frage, was mir der andere nützt, was mir die Freundschaft einbringt. Aber auch in diesen Vorformen von Freundschaften ist etwas von der Sehnsucht nach der echten Freundschaft präsent, in der nicht mehr nur der Zweck wichtig ist, sondern der Mensch selbst, die Beziehung an sich.

Der Freund – die beste Medizin

Die Freundschaft ist wie die Sonne, die das Leben des Menschen erhellt. So hat es der römische Philosoph Marcus Tullius Cicero erfahren: »Die nehmen aus dem Weltenraum die Sonne weg, die aus dem Leben die Freundschaft wegnehmen.« Ohne Freundschaft wird das Leben dunkel und freudlos. Psychologen wissen davon zu berichten, daß Menschen, die keine Freunde haben, an Schicksalsschlägen und Krisen wesentlich mehr leiden. Sie kommen manchmal nicht über die Erfahrung eines tiefen Leides hinweg. Gerade im Leiden bewährt sich der Freund. Wer da treu zur Seite steht, erweist sich erst als Freund. Cicero hat das in dem berühmten Satz zum Ausdruck gebracht: »Amicus certus in re incerta cernitur.« – »Ob einer ein zuverlässiger Freund ist, das erkennt man in der Gefahr.«

Der Freund ist der beste Therapeut für Erfahrungen von Einsamkeit und Kränkung: »Im Busen eines Freundes widerhallend verliert sich nach und nach des Schmerzes Ton«, schreibt Johann Wolfgang von Goethe. Der Freund ist nicht Ratgeber. Er steht einfach bei mir und zu mir. Er hört mir zu, ohne zu bewerten, was ich sage. Ich kann vor ihm sagen, was ich fühle, ohne es zensieren zu müssen. Ich weiß es beim Freund gut aufgehoben. Dem Freund darf ich alles sagen, ohne es auf die Goldwaage zu legen. Vor allem aber darf ich beim Freund auch schwach sein. Ich darf meine Rüstung ablegen und auch meine Wunden zeigen.

Henri Nouwen hat die Erfahrung gemacht, daß ihm die Seiten, die er dem Freund verbirgt, fehlen an der eigenen Lebendigkeit. Die Schwächen, die ich dem Freund zeige, hindern mich nicht am Leben, sondern sie machen mich im Gegenteil lebendiger. Sie gehören zu mir. Ich darf sie spüren, und in ihnen erahne ich etwas von meinem wahren Wert. Vor allem aber öffnen mich meine Schwächen für die Freundschaft. Sie wird dadurch lebendiger und intensiver.

Wo gehe ich hin, wenn alle Stricke reißen, wenn alles über mir zusammenbricht? Wer mir da spontan einfällt, der ist mein bester Freund und meine beste Freundin. Das Wissen, daß ich in jeder Situation und auch zu jeder Zeit zum Freund, zur Freundin gehen kann, ist ein wichtiger Halt.

Vielen hilft dieses Wissen, sich nicht in der Depression zu verlieren und sich nicht aufzugeben. Es gibt ihnen Kraft, sich immer wieder neu für das Leben zu entscheiden und den inneren und äußeren Gefährdungen zu trotzen.

Für Goethe wird die Welt erst durch die Freundschaft zu einem bewohnten Garten. Er schreibt: »Die Welt ist so leer, wenn man nur Berge, Flüsse und Städte darin denkt – aber hie und da jemand zu wissen, der mit uns übereinstimmt, mit dem auch wir stillschweigend fortleben, das macht uns diesen Erdenrund erst zu einem bewohnten Garten.«

Der Freund muß nicht immer bei mir und um mich sein. Es genügt, wenn ich um seine Freundschaft weiß. Das hilft mir, manchen Schmerz, manche Enttäuschung, manche Krankheit zu tragen, ohne zu verzweifeln. Ich muß nicht ständig mit dem Freund telefonieren. Doch ich weiß: wenn ich ihn brauche, dann wird er mir zuhören, dann wird er alles daransetzen, mir zu helfen.

Der Dichter Friedrich Rückert hat in einem Gedicht ausgedrückt, daß mir der Freund das schenkt, was ich unbedingt zum Leben brauche:

Nicht auf die Schwalbe,
die des Frühlings Botschaft bringt
Und von der ewigen Erneuung Lieder singt,
Freu' ich so sehr mich,
als auf einen Freundes-Gruß,
Der das mir bringt,
was ich zum Leben haben muß.

Freunde sind Helfer in der Not

Die eigene Not ist für die Weisen der Bibel ein Testfall für den wahren Freund. So heißt es im Buch Jesus Sirach, in dem griechische Weisheit mit jüdischer Spiritualität verbunden wird: »Mancher ist Freund als Gast am Tisch, am Tag des Unheils ist er nicht zu finden. In deinem Glück ist er eins mit dir, in deinem Unglück trennt er sich von dir. Trifft dich ein Unglück, wendet er sich gegen dich und hält sich vor dir verborgen.« (Jesus Sirach, 6,10–12)

Erst im Leiden wird die wahre Freundschaft erprobt. Der wirkliche Freund steht dem Leidenden treu zur Seite. Er geht mit ihm durch alle seine Schwierigkeiten und Nöte. Von so einem Freund gilt die Erfahrung, die Jesus Sirach mit den Worten ausdrückt: »Ein treuer Freund ist wie ein festes Zelt; wer einen solchen findet, hat einen Schatz gefunden. Für einen treuen Freund gibt es keinen Preis, nichts wiegt seinen Wert auf.« (Jesus Sirach, 6,14f) Der Freund ist wie ein schützendes Zelt, das sich über mir wölbt. In diesem Zelt kann ich daheim sein. Da bin ich geborgen, geschützt vor der stechenden Sonne und der nächtlichen Kälte.

Auf einen guten Freund kann man sich verlassen. »Ein guter Freund kämpft mit dem Feind, er hält den Schild gegen den Widersacher.« (Jesus Sirach 37,5) Ob einer mein Freund ist, das erfahre ich, wenn ich von anderen angegriffen oder fallengelassen werde. Mein Freund läßt mich nicht fallen. Er läßt sich durch Verleumdungen meiner Person nicht davon abhalten, zu mir zu stehen. Er wird sich wie ein schützender Schild vor mich hinstellen. Solche Freundschaft erfahren Politiker selten. Sie nennen sich häufig Freunde. Doch wenn es um die Macht geht, läßt einer den andern fallen. Da wird der andere zur Last. Da hat man Angst, sich vor ihn zu stellen.

Die Weisheit der Bibel weiß, warum sie die Freundschaft an so hohe Bedingungen knüpft. Matthias Claudius hat diese Weisheit aufgegriffen. Er nennt es Zärtelei, wenn man vor dem Freund seinen Gram für sich behalten möchte, um ihn zu schonen. »Eben darum ist er dein Freund, daß er mit untertrete und es deinen Schultern leichter mache ... Du mußt deinen Freund mit allem, was an ihm ist, in deinen Arm und in deinen Schutz nehmen.«

Die Freundschaft verpflichtet mich, zum Freund, zur Freundin zu stehen, ihr beizustehen, wenn sie in Not ist, sie so anzunehmen, wie sie gerade ist, mit ihren Krisen und Schwierigkeiten, mit ihrer Unfähigkeit, sich selbst zu bejahen. Wer in der Freundschaft ungeduldig wird und darauf wartet, bis der Freund wieder »funktioniert«, bis es ihm wieder gutgeht, der hat nicht verstanden, was Freundschaft ist. Zur Freundschaft gehört es gerade, auch durch Durststrecken und Wüstenabschnitte gemeinsam zu gehen. Ich stütze den Freund, wenn es ihm nicht gutgeht. So darf ich auch vertrauen, daß der Freund mit mir geht, wenn ich alleine kaum einen Schritt vorankomme. Das ist keine Verpflichtung, sondern es entspringt einer echten Freundschaft. Wer den andern bedingungslos annimmt, der geht mit ihm durch alle Phasen seiner Entwicklung und durch alle Stimmungen seiner Seele.

Antoine de Saint-Exupéry hat in einem Brief an seinen besten Freund, Léon Werth, dem er auch den *kleinen Prinzen* gewidmet hat, wunderbar ausgedrückt, was ihm der Freund bedeutet: »Darum, mein Freund, brauche ich so sehr deine Freundschaft. Ich dürste nach einem Gefährten, der, jenseits der Streitfragen des Verstandes, in mir den Pilger dieses Feuers sieht ... Zu dir kann ich kommen, ohne eine Uniform anziehen oder einen Koran hersagen zu müssen; kein Stück meiner inneren Heimat brauche ich preiszugeben. In deiner Nähe habe ich mich nicht zu entschuldigen, nicht zu verteidigen, brauche ich nichts zu beweisen … Über meine ungeschickten Worte, über die Urteile hinweg, die mich irreführen können, siehst du in mir einfach den Menschen … Ich, der ich wie jeder das Bedürfnis empfinde, erkannt zu werden, ich fühle mich in dir rein und gehe zu dir. Ich muß dorthin gehen, wo ich rein bin … Mein Freund, ich brauche dich wie eine Höhe, in der man anders atmet.«

In der Nähe des Freundes komme ich in Berührung mit meinem wahren Selbst. Das meint Exupéry wohl, wenn er schreibt, beim Freund fühle er sich rein. Da erkennt er das Lautere, Authentische, Wahre in sich selbst. Die Nähe des Freundes verwandelt mich. Sie ist wie eine Höhenluft, in der ich anders atme als sonst, in der ich mit dem Hohen und Hehren in mir in Berührung komme.

Briefe zum Herzen des Freundes

Ein Meister der Freundschaft war in der frühen Kirche der Bischof von Hippo, Augustinus. Von ihm stammen die berühmten Worte: »Sine amico nihil amicum.« – »Ohne Freund kommt einem nichts freundlich vor.« Ohne Freund wird das Leben grau. Da verliert es alle Liebenswürdigkeit. Augustinus baut einen christlichen Freundeskreis auf. Er kann ohne Freunde nicht sein. Doch er leidet daran, daß es eine letzte Übereinstimmung zwischen den Freunden nicht gibt.

Augustinus braucht die Freunde, um mit ihnen über das Geheimnis des Lebens und über die Liebe Gottes zu sprechen. Seine wesentlichen Gedanken entfaltet er im Gespräch mit Freunden. Augustinus schreibt seine Bücher nicht in der einsamen Kammer, sondern immer in Beziehung zu Freunden. Er will mit seinen Gedanken die Freunde erfreuen. Und er entwickelt seine Überlegungen immer im Blick auf die Freunde. Er versucht auf ihre Fragen zu antworten. Ein großer Teil der Werke des Augustinus besteht aus Predigten. Da hat der Bischof immer seine Hörer im Blick. Der Blick auf die Menschen, auf ihre Sehnsüchte, auf ihre Nöte treibt Augustinus dazu, in den Worten der Bibel eine Antwort zu finden auf die tiefste Unruhe des menschlichen Herzens. Die Freunde wecken in dem großen Theologen neue Überlegungen. Sie locken aus ihm die wunderbaren Formulierungen hervor, die wir von ihm kennen.

Schreiben gehört offensichtlich wesentlich zur Freundschaft. Der Freundschaft verdanken wir wohl die schönsten Briefe der Weltliteratur. Heute haben wir es leider fast verlernt, einander Briefe zu schreiben. Und doch braucht die Freundschaft den Brief, in dem ich dem Freund mitteile, was mich bewegt. Konstantin Raudive sagt einmal: »Menschen, die keine Briefe gewechselt haben, kennen einander nicht.« Für den Philosophen Ernst Horneffer ist der Brief an den Freund wie ein Fest, das wir mitten im Alltag feiern: »Der Brief sei dir ein Fest! Dieses Fest darfst du dir gönnen. Ein griechischer Weiser sagte: ›Ein Leben ohne Feste ist wie eine Wanderung ohne Herberge.‹ Schaffe dir in der harten, ruhelosen Wanderung eine Raststätte der Seele – im Brief.«

Die Liebe, die in uns ist, will Ausdruck. Der

Brief ist ein bleibender Ausdruck der Freundschaft. Ihn kann ich immer wieder lesen. Franz
Xaver, einer der ersten Jesuitenmissionare in Japan
und China († 1552), las kniend und unter Tränen
die Briefe, die ihm sein Freund Ignatius von Loyola schrieb. Die Briefe ließen die Freundschaft
lebendig bleiben, auch wenn sich die Freunde nie
mehr im Leben sahen. Franz Xaver wußte sich im
fernen China geliebt von seinem Freund Ignatius.
Die Freundschaft befähigte ihn zu seinen wag-
halsigen Reisen und zu seinem Werk der Missio-
nierung.

Wenn ich an einen Freund oder an eine Freundin einen Brief schreibe, so kommen mir andere
Worte in den Sinn als beim Brief an einen Fremden. Der Freund bringt mich in Berührung mit
meinen inneren Ahnungen. Er treibt mich dazu,
den leisen Impulsen meines Herzens Ausdruck
zu geben. So sind gerade die Briefe an Freunde oft
so kostbar. In ihnen finden sich Formulierungen,
auf die wir von uns aus nie kommen würden. Die
Freundschaft lockt aus unserem Herzen Worte
hervor, die nicht nur dem Freund gelten, sondern
die das Geheimnis des Lebens und der Liebe be-
schreiben. Briefe, die Freunde sich geschrieben
haben, etwa die Briefe zwischen Dietrich Bon-
hoeffer und seiner Braut oder die Briefe zwischen

Bonifatius und Lioba, sind auch lange nach deren Tod noch ein lebendiges Zeugnis von Freundschaft. Freundschaftsbriefe sind ein wichtiger Teil der Weltliteratur. Viele nehmen gerne diese Briefe zur Hand, um dem Geheimnis der eigenen Freundschaft nachzuspüren und sich von ihnen inspirieren zu lassen.

Wo Freunde sind, bin ich zu Hause

In den kirchlichen Streitigkeiten und in den politischen Konflikten seiner Zeit fühlte sich Augustinus oft einsam. Sein feinfühliges Herz schmerzte, wenn er selbst angegriffen wurde. Er konnte und wollte nicht mit gleicher Härte zurückschlagen. Im Kreis der Freunde fühlte er mitten in der Fremde dieser Zeit Heimat. Es war die Zeit, in der die Grundfesten des Abendlandes wankten. Die antike Kultur zerfiel. Rom, die stolze Hauptstadt, wurde eingenommen. Da waren Freunde ein wichtiger Halt in der Haltlosigkeit der Zeit. Der Kreis der Freunde war ein Ort, an dem Augustinus diese Welt ertragen konnte. Und er war zugleich für ihn Verheißung einer ewigen Heimat im Himmel: »Dort im Himmel wird unser Herz nicht nur bei Gott sein, sondern in der Gemeinschaft all derer, die wie wir Gott gesucht haben.«

Für Augustinus wird die Freundschaft zwischen Menschen vertieft, wenn sie über sich hinaussehen, wenn sie Gott als das eigentliche Ziel ihres Lebens erstreben: »Derjenige liebt wahrhaft seinen Freund, der Gott im Freunde liebt, entweder, weil er in ihm ist, oder damit er in ihm sei.« Der Heilige freut sich, seinen Freund als einen zu umarmen, der danach brennt, Christus zu erreichen. Er begegnet im Freund Christus selbst, ja sogar dem dreifaltigen Gott. Er vergleicht die Freundschaft mit der göttlichen Trinität, wenn er fragt: »Was liebt die Seele am Freunde, wenn nicht seine Seele? Und so gibt es dabei dreierlei: Den Liebenden, das Geliebte und die Liebe selbst.« In der Freundschaft lieben sich nicht nur zwei Menschen, sondern sie tauchen in ihrer Liebe ein in die göttliche Liebe, die wie eine eigene Kraft in ihnen ist. Sie berühren in ihrer gegenseitigen Liebe das Geheimnis der dreifaltigen Liebe, die zwischen Vater, Sohn und Heiligem Geist strömt.

Wie Augustinus haben auch andere in der Freundschaft Heimat erfahren. Rainer Maria Rilke sagt: »Was ich an Heimat habe, liegt, da und dort verteilt, im Bewußtsein der Freunde.« Dort, wo die Freunde sind, dort ist Heimat. Und Heinrich Zschokke drückt die gleiche Erfahrung so aus: »Wer ohne Freund ist, geht wie ein Fremdling über die Erde, der zu niemandem gehört.« In der Zeit des Rokoko, in der sich der Bürger in einem absolutistischen Staat oft genug ohnmächtig und überflüssig fühlte, wurde die Freundschaft zu einem Raum, in dem man sich mit Gleichgesinnten traf und darin die Erfüllung des eigenen Daseins erfuhr. Wie Chateaubriand es ausdrückt, zog man sich »mit einem vollen Herzen in einer leeren Welt« in die Freundschaft zurück. Freundschaft wurde zum Ort, an dem man sich daheim fühlte. Was die Menschen damals erlebten, trifft auch auf unsere Zeit zu. Gerade in der Anonymität unserer Zeit braucht es Orte der Heimat, Orte, an denen ich zu Hause sein kann. Dort, wo Freunde sind, entsteht Heimat.

Wenn wir die Beziehung von Heimat und Freundschaft bedenken, müssen wir auch über Gastfreundschaft sprechen. Die Gastfreundschaft war der Antike heilig. Juden wie Griechen schätzten die Gastfreundschaft. Das Christentum konnte sich so rasch ausbreiten, weil die christlichen Wanderprediger in der Fremde gastfreundlich aufgenommen worden sind. Wenn ich als Deutscher die Gastfreundschaft von Italienern erfahre, beschämt es mich. Je weiter man nach Süden kommt, desto intensiver scheint mir die Gastfreundschaft geübt zu werden. Vielleicht geht es auf dem Dorf auch noch besser als in der Stadt, in der schon unsere Wohnungen zu klein sind.

Benedikt von Nursia hat seinen Mönchen die Gastfreundschaft als eine wichtige Form der Liebe empfohlen. Gastfreundschaft heißt, daß ich den Fremden bereitwillig aufnehme, daß ich ihm meine Zeit schenke, daß ich das Fremde, das er in mein Haus bringt, achte und schätze. Ich bewerte und beurteile den Gastfreund nicht, sondern nehme ihn an, wie er ist. Gastfreundschaft heißt nicht immer, daß eine lebenslange Bindung entsteht. Gastfreundschaft ist Freundschaft auf Zeit. Aber sie schafft dem Fremden Heimat. Sie gibt ihm einen Raum, in dem er zu Hause sein kann, geschützt, geborgen, willkommen. Gastfreundschaft beschenkt aber auch den, der sie übt. Schon der Hebräerbrief weiß dies: »Vergeßt die Gastfreundschaft nicht; denn durch sie haben einige, ohne es zu ahnen, Engel beherbergt.« (Hebräer 13,2)

Sich öffnen – wie man sich
für Freundschaften bereitmacht

Besonders junge Menschen fragen oft: »Wie bekomme ich einen Freund? Was kann ich machen, daß eine Freundschaft wächst?«

Auf der einen Seite ist Freundschaft immer ein Geschenk. Ich habe keinen Anspruch, daß der andere mein Freund ist. In der Begleitung höre ich öfter die Bitte: »Sei mein Freund!« Doch so eine Bitte ruft in mir eher Widerstand hervor. Ich fühle mich vereinnahmt. Manche versuchen mich dann, mit dem Hinweis auf meine eigenen Aussagen, dazu zu drängen, ihr Freund zu sein. Ich kann doch nicht über Freundschaft schreiben und dem Bittsteller oder der Bittstellerin die Freundschaft verweigern. Doch Freundschaft kann man nicht fordern. Sie wächst. Nächstenliebe ist eine Verpflichtung jedem gegenüber. Aber Freundschaft ist ein Geschenk. Und Freundschaft muß wachsen. Sie braucht die Gegenseitigkeit und Freiwilligkeit. Sonst ist es keine Freundschaft.

Dennoch ist die Frage berechtigt, was ich selber tun kann, damit eine Freundschaft wächst. Antoine de Saint-Exupéry hat in seinem klassischen Buch »Der kleine Prinz« auf unübertroffene Weise beschrieben, wie Freundschaft wachsen kann. Der Fuchs klärt den kleinen Prinzen auf, wie er sein Freund werden kann: »Du mußt mich zähmen!« Und er gibt den Grund dafür an, daß viele keine Freunde haben: »Die Menschen haben keine Zeit mehr, irgend etwas kennenzulernen. Sie kaufen sich alles fertig in den Geschäften. Aber da es keine Kaufläden für Freunde gibt, haben die Leute keine Freunde mehr. Wenn du einen Freund willst, so zähme mich!« Auf die Frage, wie denn das Zähmen gehe, beschreibt es der Fuchs dem kleinen Prinzen: »Du mußt sehr geduldig sein. Du setzt dich zuerst ein wenig abseits von mir ins Gras. Ich werde dich so verstohlen, so aus dem Augenwinkel anschauen, und du wirst nichts sagen. Die Sprache ist die Quelle der Mißverständnisse. Aber jeden Tag wirst du dich ein bißchen näher setzen können.«

Geduld, vorsichtiges Sich-Nähern, Behutsamkeit, Zeit haben für den Freund, Wartenkönnen, das alles können wir lernen, damit Freundschaft wachsen kann. Und noch etwas ist wichtig, sagt der Fuchs: Es braucht feste Bräuche, gute Rituale.

Der kleine Prinz sollte zur gleichen Zeit kommen: »Wenn du zum Beispiel um vier Uhr nachmittags kommst, kann ich um drei Uhr anfangen, glücklich zu sein. Je mehr die Zeit vergeht, um so glücklicher werde ich mich fühlen.«

Freundschaft braucht gute Rituale. Allerdings dürfen das keine Zwangsrituale werden. Von Zeit zu Zeit müssen diese Rituale, etwa des regelmäßigen Telefonierens oder Briefeschreibens, überdacht und besprochen werden. Sonst werden es leere Rituale. Aber die Freundschaft braucht Ausdrucksformen. Sonst stirbt sie leicht ab. Es gibt auch Freunde, die man jahrelang nicht trifft und mit denen man nicht telefoniert. Doch sobald man sie sieht, ist die Freundschaft wieder lebendig. Doch normalerweise braucht die Freundschaft feste Rituale. Rituale geben der Freundschaft Sicherheit. Und sie öffnen einen Raum, in dem die Gefühle ausgedrückt werden können. Ganz bestimmte Worte, die der Freund immer sagt, Ausdrücke, die er gebraucht, Gerüche, Speisen, die er gerne ißt, erinnern mich an tiefe Erfahrungen von Freundschaft. Alle Gefühle, die mich mit dem Freund verbinden, kommen wieder hoch, wenn ich eine bestimmte Speise esse, wenn ich Heu rieche, wenn ein Lied erklingt, das für unsere Freundschaft wichtig geworden ist.

Freundschaft braucht Rituale. Aber sie braucht auch die Freiheit und Leichtigkeit, das Vertrauen, daß das, was gewachsen ist, bleibt, auch wenn wir uns eine Zeitlang nicht sehen.

Wie gewinne ich Freunde? Dafür gibt es keine Methoden. Denn ein Freund läßt sich nicht kaufen. Trotzdem gibt es Verhaltensweisen, die für das Zustandekommen einer Freundschaft wichtig sind. Da ist neben der Geduld und dem Wartenkönnen vor allem das Vertrauen. Wer einmal durch einen Freund oder eine Freundin enttäuscht worden ist, der verschließt sich leicht. Er sagt: »Das wird mir nicht noch einmal passieren. Lieber habe ich keinen Freund mehr, als so zu leiden, wenn mein Vertrauen mißbraucht wird.« Doch in so einer Haltung werde ich nie mehr einen Freund bekommen. Denn ich gebe keinem Menschen die Chance, den Panzer meines Mißtrauens zu durchbrechen. Ich kann mich einem andern nur öffnen, wenn ich mir bewußt bin, daß das Vertrauen auch mißbraucht werden kann. Es ist immer ein Vertrauensvorschuß nötig. Ich werde ja nicht alle Türen auf einmal öffnen. Aber ich muß den Spalt meiner Türe immer weiter öffnen, damit der andere bei mir eintreten kann. Ich kann solches Vertrauen nur aufbringen, wenn ich weiß, daß nicht mein ganzer Wert davon abhängt, daß

der andere mein Freund ist. Ich muß in mir selber
ruhen können, um mich auf einen anderen einzulassen. Denn sonst gebrauche ich den Freund,
damit ich leben kann. Doch Freundschaft darf
nicht gebraucht werden, sonst wird sie auch leicht
mißbraucht.

Sich selber Freund sein

In Gesprächen höre ich oft die Klage: »Ich sehne mich so sehr nach Freundschaft. Aber ich habe keinen Freund. Immer wenn mir ein Mann, eine Frau, sympathisch ist und ich ihre Freundschaft suche, sind sie entweder abweisend oder sie haben schon einen Freund oder eine Freundin.« Ich frage dann oft zurück: »Bist du dir denn selber Freund? Du kannst die Freundschaft nicht erzwingen. Aber du kannst dir selber Freund sein.« Viele fragen dann: »Wie geht das denn?« Wenn wir von der deutschen Sprache ausgehen, dann heißt, sich selbst Freund sein: sich selber lieben, sich schonen, schützen, sich selber beistehen, gut mit sich selbst umgehen. Wenn ich darauf fixiert bin, einen Freund oder eine Freundin zu bekommen, werde ich ständig enttäuscht werden. Aber zu mir selbst freundlich sein, das kann ich lernen. Allerdings ist das gar nicht so leicht. Wir haben ein ganz bestimmtes Bild von uns. Und oft genug lieben wir nur dieses Bild. Aber wir lieben uns nicht so, wie wir sind.

Was Matthias Claudius von der Freundschaft mit einem anderen schreibt, das gilt auch für die Freundschaft sich selbst gegenüber: Wolltest du am Freund »nur die liebenswürdigen Eigenschaften lieben und ehren, wofür wärst du denn sein Freund? Du mußt deinen Freund mit allem, was an ihm ist, in deinen Arm und in deinen Schutz nehmen«. Das ist einmal eine Sache der Entscheidung. Ich muß mich für mich selbst entscheiden, für meinen Leib, für mein Gewordensein, für meine Empfindsamkeit, für meine Stärken und für meine Schwächen. Es braucht den Willen dazu, auch die weniger liebenswürdigen Eigenschaften in mir zu lieben und zu ehren. Das verlangt, daß ich die Illusionen aufgebe, die ich mir von mir und meinem Leben gemacht habe. Erst dann werde ich fähig, auch das weniger Schöne und Gute in mir zu lieben und mich mit mir auszusöhnen. Versöhnen heißt von der Sprachwurzel her: küssen. Ich soll das küssen, was mir bei mir selbst am unangenehmsten ist. Dann werde ich das Liebenswürdige selbst in dem entdecken, was mir auf den ersten Blick am schwersten fällt, an mir anzunehmen.

Nach der Entscheidung für mich kommt die

Freundlichkeit mir gegenüber. Ich muß mit einem milden Blick auf mich schauen, so wie ich geworden bin. Und ich muß versuchen, mich an mir selbst zu freuen, dankbar zu sein, daß ich bin und daß ich so bin. Wer gegen sich selbst wütet, wer hart ist gegen sich und seinen Leib, der wird auch nicht fähig sein, einem anderen Menschen freundlich zu begegnen. Selbst wenn er einen Freund oder eine Freundin möchte, wird der andere spüren, daß von ihm etwas Hartes und Abweisendes ausgeht. So wie wir mit uns umgehen, so wirken wir auch auf den andern, selbst wenn wir das Gegenteil möchten. Die unbewußte Ausstrahlung ist stärker als das, was wir bewußt wollen. Daher ist die wichtigste Bedingung, einen Freund geschenkt zu bekommen, sich selber Freund zu sein. Das können wir immer. Da brauchen wir nicht auf andere zu warten. Die Griechen sprechen von der »Philautie«, von der Freundschaft sich selbst gegenüber. Sie besteht in der Sorge um das eigene Selbst und das eigene Wohlbefinden als Voraussetzung, ein guter Freund sein zu können.

Zur Freundschaft gehören die Treue und das Aushalten. Wer meint, er müsse sich jedem anpassen, um bei ihm beliebt zu sein, der wird keine wirkliche Freundschaft erfahren. Wir müssen uns selbst treu sein, anstatt uns immer wieder zu verbiegen. Einem verbogenen Menschen möchte niemand Freund sein. Nur wenn einer zu sich selbst steht, sich selbst aushält, auch wenn ihm manches schwerfällt, wird er fähig zur Freundschaft. Dann weiß ein Freund, worauf er sich einläßt. Wenn der andere immer wieder zurückweicht, um sich anzupassen, weiß ich nicht, woran ich bin. Und ich verliere die Lust am andern. Denn ich spüre ihn gar nicht. Ich treffe ihn nicht an, weil er keinen Stand hat, an dem ich ihn berühren kann.

Oben sagte ich schon, daß von der deutschen Sprachwurzel her zur Freundschaft das »Schonen« gehört. Nur wenn ich mich selbst schone, wird der Freund spüren, daß er in meiner Nähe sein kann, ohne ständig verletzt zu werden. Ich schone mich, wenn ich aufhöre, mich selbst zu verurteilen und mich zu entwerten. Ich schone mich, wenn ich mich selbst behutsam und rücksichtsvoll behandle. Nur in einem Schonraum kann die zarte Blume wachsen und aufblühen. Ich muß mir selber einen Schonraum geben, damit ich zu der Blüte heranreifen kann, die Gott mir zugedacht hat. Und Freundschaft braucht einen Schonraum. Denn sie ist wie etwas Zartes und Verletzliches, das nur in einem Raum der Rücksichtnahme und Behutsamkeit gedeihen kann.

Freund werden heißt:
Mensch werden

Ein japanisches Sprichwort sagt: »Mit einem Freund an der Seite ist kein Weg zu lang.« Der Freund an der Seite gibt uns Kraft, trotz aller Schwierigkeiten weiterzugehen. Er hält uns, wenn wir mit dem Rücken an der Wand stehen. Er motiviert uns, den Kampf des Lebens zu wagen. Ohne Freund sind wir in Gefahr, den Boden unter den Füßen zu verlieren. Wenn ich weiß, daß mein Freund zu mir steht, relativieren sich die Probleme. Ohne Freund hätte ich schon manchmal gesagt: »Macht euren Dreck alleine!« Aber ich weiß genau, daß ich mir und den Menschen, für die ich verantwortlich bin, keinen Gefallen getan hätte. Das Gespräch mit dem Freund läßt mich meine eigenen Lebensmuster durchschauen. Ich spüre, daß ich in eine Sackgasse rennen würde. Der Freund bewahrt mich davor. Er gibt mir den langen Atem, den ich brauche, um meinen Weg zu Ende zu gehen.

Die seit ihrer frühen Jugend gelähmte Schriftstellerin Zenta Maurina hat die Freunde als Quelle
ihres Lebens erfahren, als Quelle auch der Kraft,
dieses behinderte Leben in einer guten Weise
zu meistern: »Was für den Vogel die Kraft der
Schwingen, das ist für den Menschen die Freundschaft; sie erhebt ihn über den Staub der Erde.«
Der Freund an der Seite ist wie ein Vogel, der
mich auf dem beschwerlichen Weg meines Lebens
emporhebt, damit ich leichten Schrittes den Weg
weitergehen kann, ohne über jeden Stein zu stol-
pern, der sich mir in den Weg legt. Das Gespräch
mit dem Freund relativiert die Probleme und läßt
sie mich in einem anderen Licht sehen. Sie sind
nicht mehr so bedrohlich. Die Nähe des Freundes
wird zu einem Schutz vor den negativen Emotionen, die mir von außen entgegenkommen. Sie
wiegt all das Schwere auf, das täglich auf mich ein-
stürmt.

Bei unserem Freundschaftsmahl haben wir
darüber gesprochen, daß die Freundschaft den
Menschen mit Frieden erfüllt, daß sie das Starre
in ihm aufweicht und ihn zugleich stark macht.
Wer einen Freund oder eine Freundin hat, fühlt
sich stärker. Vielleicht ist das der Grund, daß
manche Institutionen Freundschaften verbieten
möchten. In den Klöstern galt bis vor dreißig Jah-

ren Freundschaft als Spaltpilz. Man sprach von Privatfreundschaften und hatte Angst, solche Privatfreundschaften könnten die gemeinsame ideologische Linie des Klosters gefährden. Autoritäre Institutionen wie die Bundeswehr oder manche Firmen vertragen keine Freundschaften. Wenn Bundeswehrsoldaten Freunde werden, dann würde das die Wehrkraft zersetzen. Denn Freunde können nicht töten. Die Freundschaft öffnet sie auch für den Feind. In manchen Firmen geht es nur um den wirtschaftlichen Erfolg. In so einem absolut erfolgsorientierten Klima haben Freundschaften keinen Platz. Freundschaft – so sagen uns viele Psychologen – ist für die Menschwerdung des einzelnen unabdingbar. Freund werden heißt Mensch werden. Daher offenbaren Institutionen, die die Freundschaft unterbinden möchten, ihre eigene Unmenschlichkeit. In so einem unmenschlichen Klima kann weder Freundschaft noch Leben noch Liebe gedeihen. Eine Gesellschaft ist ohne Freundschaft zum Tod verurteilt.

Der evangelische Theologe Walter Sparn meint, daß die evangelische Theologie über weite Strecken hinweg der Freundschaft gegenüber skeptisch war. Man hat in ihr immer die Gefahr von Spaltung und von zu großer Affektivität gesehen. Wer vor allem auf die kirchliche Ordnung bedacht war, der verwarf die »romantische« Freundschaft als subversiv. Jesus hat einen Freundschaftsbund gestiftet. Doch die Theologie hat diese Absicht Jesu nicht thematisiert, weil es ihr mehr um die Einheit der Kirche und ihrer Institution ging. Als Gegenbewegung entwickelten sich im evangelischen Bereich Bruderschaften und Freundschaftskreise. Die Quäker nennen sich »Society of Friends«. Die Besinnung auf den Wert der Freundschaft für die eigene Menschwerdung bringt uns wieder näher an die Gesinnung Jesu heran, der seine Jünger als Freunde und Freundinnen ansah, für die er sein Leben hingab.

Freundschaft bedeutet Freiheit

Das Wort Freundschaft hat die althochdeutsche Wurzel »frija«, die »frei« bedeutet und gleichzeitig mit dem Wort »lieben« (frijon) verwandt ist. Freiheit und Liebe begegnen sich in der Freundschaft. Für die Germanen ist der Freund der, den man schützt und dem man beisteht, den man gerne hat und liebt. Der Freund ist frei. Er ist nicht durch das eheliche Band an den Ehepartner gebunden. Er lebt sein eigenes Leben. Und doch weiß er sich vom Freund oder von der Freundin geliebt. Die Liebe engt ihn nicht ein. Sie verpflichtet ihn nicht, die Wohltaten des Freundes zurückzuzahlen. Was er für den Freund tut, das tut er aus Liebe und aus freiem Willen. Und er bindet den Freund nicht durch seine Wohltaten und durch seine Liebe, sondern läßt ihn frei.

Die Germanen sprechen, wenn sie von einem Freund sprechen, auch vom »Gefährten«. In der Edda heißt es: »Jung war ich einst, einsam zog ich, rauh war mein Weg. Glücklich war ich, als den Gefährten ich fand. – Den Menschen freut der Mensch.« Wenn ich alleine meinen Weg ziehen muß, wird alles schwerer. Mit dem Gefährten an der Seite finde ich leichter meinen Weg, und ich erfahre Schutz und Geborgenheit. Doch der Gefährte engt mich nicht ein. Er geht ja mit mir auf Fahrt. Er liebt wie ich die Freiheit. Wir kleben nicht aneinander, sondern erkunden die Welt. Wir gehen auf Fahrt, um erfahren zu werden.

Das rechte Miteinander von Liebe und Freiheit zu finden ist nicht einfach. Unsere Liebe ist oft genug vermischt mit Besitzansprüchen, mit Eifersucht, mit Kontrolle, mit Festklammern, mit Erwartungen an den andern. Und sie erhebt oft den Anspruch auf Gegenseitigkeit. Was ich für den andern tue, das erwarte ich auch von ihm, daß er es mir vergilt. Doch dieses Rechnen macht wahre Freundschaft unmöglich. Es gibt Freunde, die sich jahrelang nicht sehen und nicht miteinander kommunizieren. Doch sobald sie sich treffen, flammt die Freundschaft wieder auf. Die Liebe und das Verstehen strömen zwischen den beiden, als ob sie sich erst gestern getrennt hätten. Sie sind miteinander vertraut. Sie kommen in der Erzählung sofort zum Wesentlichen. Sie berühren einander. Sie werden eins in ihrem Herzen. Sie haben sich gegenseitig in die Freiheit entlassen, ohne ihre Liebe zueinander zu verlieren.

Das Verhältnis von Freiheit und Liebe wird bei jedem Freundespaar anders sein. Immer wenn ich einen Freund gern habe, entsteht auch ein Stück Abhängigkeit. Wenn ich mir dieser Abhängigkeit bewußt werde, kann ich mich davon distanzieren und den Freund bewußt freilassen.

Echte Freundschaft zeichnet sich durch innere Freiheit aus. Ich darf sagen, was ich fühle, ohne alles berechnen zu müssen. Ich bin frei, den Weg zu gehen, den ich als richtig erkannt habe. Ich brauche keine falsche Rücksicht auf den Freund zu nehmen, wenn ich spüre, daß ich eine andere Aufgabe oder einen anderen Wohnort wählen sollte. Ich kann frei atmen. Und ich lasse auch dem Freund den Freiraum, den er für sein Leben braucht.

Zur Freiheit gehört auch, daß ich so frei bin, den anderen zu kritisieren, wenn mir sein Verhalten nicht paßt oder wenn ich spüre, daß er etwas tut, das ihm selbst nicht guttut.

Der romantische Dichter Christian Dietrich Grabbe hat diese Freiheit dem Freund mit folgenden Versen beschrieben:

Dein wahrer Freund ist nicht,
wer dir den Spiegel hält
Der Schmeichelei'n, worin dein Blick
sich selbst gefällt.
Dein wahrer Freund ist,
wer dich sehn läßt deine Flecken,
und sie dir tilgen hilft, eh' Feinde
sie entdecken.

Die Kritik am Freund ist immer Liebesdienst. Sie soll ihm helfen, seine eigenen Flecken abzuwaschen, bevor andere sie entdecken und sie mißbrauchen. Um einen Freund kritisieren zu können, braucht es Vertrauen, daß er das Wort annimmt, aber auch die Freiheit ihm gegenüber. Die deutsche Sprache kennt diese innere Verbindung von Vertrauen und Freiheit. Die Wurzel für frei ist verwandt mit dem gotischen Wort »freidjan = schonen« und dem althochdeutschen Wort »fridu = Schutz, Friede«. Nur im Schutzraum des Vertrauens fühle ich mich dem Freund gegenüber frei, ihm das zu sagen, wozu mein Herz mich drängt. Und nur durch ein tiefes Vertrauen geschützt kann der Freund die Kritik annehmen, ohne sich angegriffen zu fühlen.

Freundschaft und Liebe
unterscheiden sich voneinander …

Wenn sich ein junger Mann in eine junge Frau verliebt, bezeichnen sie ihre Liebe oft als Freundschaft. Doch Freundschaft und Liebe sind voneinander verschieden. Natürlich speisen sich Freundschaft und Liebe aus der gemeinsamen Quelle der Affektivität. In beiden ist die erotische Liebe anwesend. Freundschaft und Liebe vermögen den Menschen aus seiner Einsamkeit zu befreien und seinem Leben einen neuen und tieferen Sinn zu geben. Dabei wird die Einsamkeit nicht aufgehoben, sondern verwandelt.

Echte Freundschaft und Liebe brauchen auch die innere Einsamkeit. Rainer Maria Rilke sagt von der freundschaftlichen Liebe: »Die Liebe besteht darin, daß zwei Einsamkeiten sich gegenseitig schützen und lieben.« Wenn der andere meine Einsamkeit respektiert und zugleich liebt, dann verliert sie das Bedrohliche. Sie wird der Ort, an dem ich ganz eins bin mit mir. Das ist die

Voraussetzung, daß ich auch mit dem Freund eins werden kann.

Die Liebe ist immer auch eine körperliche Leidenschaft. Wer verliebt ist, sieht alles in einem rosaroten Licht. Er kann nicht mehr klar und objektiv denken. Er sieht oft den andern nicht so, wie er ist, sondern eher so, wie er ihn haben möchte. Er sieht sein eigenes Bild im andern. Er wird vom andern angezogen. Die Griechen nennen das »eros«, die begehrliche Liebe. Sie kann den Menschen verzaubern, aber auch bestimmen und nicht mehr loslassen. Der Liebende wird dann von Eifersucht gequält, wenn sich die Geliebte mit einem anderen Mann beschäftigt. Der echte Freund kennt keine Eifersucht. Freundschaft baut auf einem geistigen Fundament auf. Der Geist kennt keine Beschränkung wie der Leib. Der Geist atmet Weite und Freiheit. Diese Freundschaftsliebe bezeichnen die Griechen als »philia«. Die Freundschaftsliebe freut sich am Freund, daß er so ist, wie er ist. Sie wünscht ihm das Gute um des Freundes willen. Die Griechen kennen noch einen dritten Begriff von Liebe: »agape«. Es ist die lautere Liebe, die göttliche Liebe. Sie ist ein grundsätzliches Wohlwollen zu allen Menschen. Alle drei Formen von Liebe – eros, philia und agape – durchdringen sich immer wieder. Auch in der begehrlichen Liebe kann die reine Liebe aufblitzen. Und in der Freundesliebe ahne ich die lautere Liebe, die ich als Gottesgeschenk erfahre.

Während der Verliebte oft nur ein Bild der Geliebten in sich trägt und ihm das Wesen der Geliebten fremd bleibt, führt echte Freundschaft immer dazu, den anderen in seinem wahren Wesen zu erkennen. Augustinus sagt mit Recht: »Nur dank der Freundschaft kann man jemanden wahrhaft erkennen.« In der Freundschaft berühre ich das Herz des andern mit all seinen Höhen und Tiefen. Ich spüre, was er fühlt und denkt. Ich sehe, was ihn bewegt und bedrängt. Ich verzichte darauf, zu urteilen und zu bewerten. Ich schaue einfach hin und nehme alles so, wie es ist. Wer den Freund oder die Freundin in seiner ganzen Tiefe erkannt hat, der wird nun auch andere Menschen mit einem klareren Blick betrachten. Und er wird darauf verzichten, sie zu beurteilen. Die Freundschaft befähigt ihn, auch andere Menschen vorurteilslos anzunehmen.

Den Freund zu erkennen, heißt aber nicht, neugierig in ihn eindringen, um alle seine Geheimnisse zu entdecken. Die Freundschaft schützt vielmehr das Geheimnis des andern. Der russische Dichter F. M. Dostojewski sagt von der Freundschaft: »Ich halte es nicht für das größte Glück, einen Menschen ganz enträtselt zu haben. Ein größeres Glück ist es noch, bei dem, den wir lieben, immer neue Tiefen zu entdecken, die uns immer mehr die Unergründlichkeit seiner Natur in ihrer ewigen Tiefe offenbaren.« Jeder Mensch ist ein Geheimnis. Der Freund wahrt das Geheimnis des andern. Für ihn bleibt der andere immer ein Wunder. Er staunt darüber, ohne es ergreifen zu wollen. Aelred von Rievaulx nennt den Freund »Schützer des Herzens«. »Denn mein Freund muß eine gegenseitige Liebe, ja mein und sein Herz beschützen, alle Geheimnisse getreulich schweigend behüten.«

Die Freundschaft führt aber nicht nur zur Erkenntnis des andern, sondern auch zur Erkenntnis seiner selbst. Schon Aristoteles meint, daß wir beim Wahrnehmen des Freundes erst unser wahres Selbst erkennen. Der Freund ist für Aristoteles wie ein Spiegel. Aus uns selbst heraus können wir uns selber gar nicht erkennen. »Wie wir nun, wenn wir unser eigenes Gesicht sehen wollen, durch einen Blick in den Spiegel den Anblick zustande bringen, so müssen wir auch, wenn wir unsere Eigenart erkennen wollen, auf den Freund blicken: dann kommen wir zur Erkenntnis. Denn es ist ja, wie wir sagen, der Freund ein anderes

Selbst.« Im Blick auf den Freund geht mir auf, wer ich selber bin. Und zugleich erfahre ich mich in der Nähe des Freundes auf neue Weise. Ich fühle mich wohl, bin im Einklang mit mir selbst. Mein Selbstvertrauen wird stärker. Friedrich Nietzsche hat in der Freundschaft erfahren, wie die Freunde ihn in seinem mangelnden Selbstwertgefühl stützen. Er schreibt an seinen Freund Rohde: »Mit meinem Selbstgefühle steht es schwach und erbärmlich, und Ihr müßt mir immer wieder mich mir selbst gewährleisten.« In der Freundschaft finde ich die eigene Mitte. Ich spüre mich. Und es wächst Selbstvertrauen. Weil einer mir ganz und gar vertraut, beginne ich, mir selbst zu trauen.

... doch ohne Freundschaft
stirbt die Liebe

Die Freundschaft hat immer auch eine erotische Komponente. Ich fühle mich vom Freund oder von der Freundin angezogen. Der deutsche Philosoph Harald Lemke spricht von »echter Freundschaftslust« oder von der »Wohl-Lust, die vom wohlgefälligen Sosein des Freundes ausgeht und das wohltuende Freundsein mit ihm bestimmt«, von der »Erotik des Anderen«. Doch in der Geschichte der Philosophie wurde die »Wohl-Lust« schnell zur »Wollust«, die man seit Immanuel Kant mit sexueller Lust identifizierte. Sigmund Freud ist dieser Tradition verpflichtet. Er versteht die Erotik der Freundschaft als unterdrückte Sexualität, als »zielgehemmte Liebe«. Deshalb hat er in seiner Psychologie das Phänomen der Freundschaft völlig vernachlässigt. C. S. Lewis urteilt über diese Einstellung: »Wer sich Freundschaft nicht als eigenständige Liebe vorstellen kann, sondern nur als Verkleidung und Zerrform von Eros, verrät, daß er nie einen Freund gehabt hat.« Erst in unserer Zeit hat die Psychologie neu über die erotische Dimension der Freundschaft, über die freundschaftliche Sinnlichkeit und die körperlich-emotionale Nähe der Freunde nachgedacht.

Die Freundschaft braucht den Eros. Aber auch der Eros braucht die Philia. Die Liebesbeziehung, die in der Ehe mündet, kann nur von Dauer sein, wenn sie auch die Qualität der Freundschaft hat. Das hat vor allem Ignace Lepp, ein französischer Psychologe, betont. Er hat die Erfahrung gemacht, daß Ehen, die aus einer langjährigen Freundschaft heraus entstehen, länger halten als Ehen, die aufgrund eines heftigen Verliebtseins geschlossen werden. Das Verliebtsein kann man nicht ein Leben lang durchhalten. Die Ehe wird nur dann auf Dauer Bestand haben, wenn sich die Eheleute auch als Freunde sehen können. Eheleute, die als gute Freunde miteinander leben, stützen sich gegenseitig. Ihre Freundschaft hat immer noch eine erotische und sexuelle Dimension. Aber die Sinnlichkeit bezieht sich auf mehr als nur die Sexualität. Es geht darum, den anderen wahrzunehmen, dankbar zu sein für seine Schönheit, für sein Sosein. Aber vor allem geht es darum, treu zu sein, verläßlich zu ihm zu stehen und für ihn da zu sein und mit ihm alles durchzustehen, was einen anspringt.

Der Philosoph Ernst Bloch meint, daß viele Ehen nicht »an einem Mangel an Liebe scheitern, sondern an zu wenig beständiger und verbindlicher Freundschaft«. Für Ernst Bloch ist die Freundschaft »das wichtigste Stück einer auf Dauer und Gewohnheit angelegten Liebe«. Man kann daher mit Harald Lemke »die Liebesbeziehung als eine gute Freundschaft mit Sexualität« bezeichnen. Eheleute haben mir erzählt, daß der Ehepartner für sie auch der beste Freund ist, mit dem sie alles besprechen. Sie können sich auf ihn verlassen. Die gelebte Sexualität ist ein Teil ihrer Liebe und ihrer Freundschaft. Aber es ist nicht sinnvoll, die Liebesbeziehung und die »platonische Liebe« der Freundschaft zu sehr auseinanderzuhalten. Philia und Eros brauchen einander und durchdringen einander. Johann Gottfried von Herder hat das so ausgedrückt: »Liebe soll uns zur Freundschaft laden, Liebe soll selbst die innigste Freundschaft werden.«

Jede Freundschaft braucht auch Zeichen körperlicher Nähe. Gerade Männer tun sich heute schwer, ihre Zuneigung auch körperlich auszudrücken, etwa in einer herzhaften Umarmung oder in einem zärtlichen Streicheln. Sie haben

Angst, sofort als homosexuell angesehen zu werden, wenn sie irgendwelche körperlichen Ausdrucksformen ihrer Freundschaft zulassen. Und doch braucht jede Freundschaft auch körperliche Nähe. Doch diese Nähe hat nichts mit genitaler Sexualität zu tun. Wir brauchen hier wieder eine neue Kultur der Zärtlichkeit, die die Freundschaft nicht wie Sigmund Freud als »latente Sexualität und bloß zielgehemmte Liebe« begreift, sondern als eigene Form freundschaftlicher Lust am andern. Frauen haben weniger Probleme, ihre Freundschaft auch in zärtlichen Gesten auszudrücken. Männer haben Angst, sofort als »weibisch« angesehen zu werden, wenn sie ihre zärtlichen Gefühle zulassen und auch ausdrücken.

Vier Gefahren für die Freundschaft

Es ist nicht selbstverständlich, daß Freundschaft gelingt. Es sind vor allem vier Gefährdungen der Freundschaft, die die Dichter nennen. Georges Bernanos bezeichnet die Langeweile als die größte Gefahr: »Keine Freundschaft vermag der Langeweilen zu widerstehen.« Wenn sich Freunde nichts mehr zu sagen haben, wenn sie sich an sich gewöhnt haben, aber nicht mehr offen sind für etwas, was sie übersteigt, dann wird die Langeweile die Freundschaft töten. Es fließt nichts mehr zwischen den Freunden. Die Freundschaft vertrocknet, versandet. Langeweile entsteht immer dann, wenn die Quelle der Phantasie und Kreativität versiegt. Oft besteht die Ursache dafür darin, daß man die eigenen Gefühle vor dem andern verschließt. Je mehr man aber an Gefühlen zurückhält, desto weniger kann in uns und zwischen uns strömen. Wir werden immer weniger fähig, das Schöne intensiv zu erleben. Je weniger wir über unsere Gefühle und Erlebnisse sprechen, desto

mehr stirbt die Erlebnisfähigkeit ab. Wir ver-
härten uns immer mehr. Und diese Härte wird
zur Langeweile. Wir öden uns an, anstatt voller
Begeisterung uns all das zu erzählen, was wir
spüren und erleben.

Die zweite Gefahr besteht in der Betriebsam-
keit. Wer ständig beschäftigt ist, wer sich in die
Arbeit flüchtet, der hat nicht nur keine Zeit
zur Freundschaft, sondern er wird auch unfähig,
einem andern Freund zu sein. Nicht die Erfolg-
reichen sind die besten Freunde, sondern die vom
Schicksal Benachteiligten, die sich ihrer eigenen
Gefährdung stellen, die sich ihrer Grenzen und
Schwächen bewußt sind. Freundschaft braucht
Offenheit für den andern. Wer seine Gefühle mit
Aktivitäten zustopft, wird unfähig, sie mit dem
Freund zu teilen. Wer aber nichts mehr zu teilen
hat, kann keines Menschen Freund sein. Genießen kann die Freundschaft nur, wer sich seiner
eigenen Armut stellt. So hat es Johann Wolfgang
von Goethe erfahren: »Nur uns Armen, die wir
wenig oder nichts besitzen, ist es gegönnt, das
Glück der Freundschaft in reichem Maße zu genießen. Wir haben nichts als uns selbst. Dieses
ganze Selbst müssen wir hingeben.«

Die dritte Gefahr ist die Ungleichmäßigkeit der
Freunde: »Jedes zu große Übergewicht von einer

Seite stört die Freundschaft«, sagt Adolf Frei-
herr von Knigge. Wenn nur der eine Freund sich
als Helfer, Therapeut, Gönner des anderen gibt,
dann zerstört das die Freundschaft. Freundschaft
braucht ein Du und Ich, das auf der gleichen
Ebene steht. Einer beschenkt den andern. Eine
befruchtet die andere. Wenn eine Helferbeziehung
zur Freundschaft wird, dann muß der Helfer von
seiner Position herabsteigen und sich auf die
Ebene des Freundes oder der Freundin begeben.
Wenn er immer wieder seine Vaterrolle oder Hel-
ferrolle einnimmt, zerstört er damit die Freundschaft. Der Freund fühlt sich behandelt und be-
lehrt, aber nicht um seiner selbst willen geliebt.
Und damit ist es keine Freundschaft mehr.

Die vierte Gefahr, die Ernst Raupach beschreibt,
ist mit der dritten verwandt: »Übermaß der Wohltaten schwächt die Freundschaft statt sie zu stärken.« Es gibt Freunde, die dem Freund oder
der Freundin zuviel schenken. Das bewirkt im
Freund das Gefühl, der andere möchte sich die
Freundschaft erkaufen. Er wird das Gefühl unterdrücken. Aber schon bald wird das unterdrückte
Gefühl in ihm zur Aggression und schließlich zur
Verhärtung führen. Und das verhärtete Herz kann
keine Freundschaft mehr fühlen. Es darf kein Gefälle in der Freundschaft geben, etwa das Gefälle

des reichen Gebers und des armen Empfängers, des Unwissenden und des Wissenden, des Gesunden und des Kranken. Freundschaft braucht die Gleichheit der Freunde, sonst ist sie bedroht.

Das Ende einer Freundschaft

Nicht nur Ehen gehen auseinander, sondern auch Freundschaften zerbrechen. Jesus mußte die Erfahrung machen, daß sein Freund Judas ihn verriet. Der Freundschaftskuß wurde zum Verräterkuß. Die Erfahrung, daß ein Freund gegen mich auftritt, hat schon der Psalmist machen müssen: »Nicht mein Feind beschimpft mich, das würde ich ertragen; nicht ein Mann, der mich haßt, tritt frech gegen mich auf, vor ihm könnte ich mich verbergen. Nein, du bist es, ein Mensch aus meiner Umgebung, mein Freund, mein Vertrauter, mit dem ich, in Freundschaft verbunden, zum Haus Gottes gepilgert bin.« (Psalm 55,13–15)

Gegen einen Feind kann man sich schützen. Einem Freund gegenüber bin ich schutzlos. Denn da habe ich mich ja geöffnet, verwundbar gemacht. Um so schmerzlicher ist es, wenn der Freund oder die Freundin meine Verwundbarkeit mißbraucht und alles, was ich ihm erzählt habe, gegen mich benutzt, wenn er mich und meine

Worte vor anderen lächerlich macht. Seit je-
her haben die Menschen daher den Mißbrauch
einer Freundschaft als großes Sakrileg empfunden. Wenn das Heiligste im Menschen verletzt
wird, tut es besonders weh.

Aber Freundschaften hören nicht nur auf, weil
der andere mich verletzt. Es gibt Freunde in bestimmten Lebensabschnitten und an bestimmten
Orten. Ich kann nicht alle Schulfreundschaften
mein Leben lang durchhalten oder mich immer
wieder mit allen Studienfreunden treffen. Es gibt
Freundschaften, die ein Leben lang halten. Und
es gibt Freundschaften, die vergehen, nicht weil
sie schlecht waren, sondern weil sie an ganz bestimmte Lebensphasen gebunden waren. Aber
auch da ist es wichtig, wie diese Freundschaften
enden. Sie können sich einfach verlieren. Aber
dann bleibt ein Beigeschmack von Untreue und
Unzuverlässigkeit. Es gilt, von einem Freund oder
einer Freundin in guter Weise Abschied zu nehmen. Dann kann ich alles, was ich dem Freund
verdanke, noch einmal würdigen und dafür dan-
ken. Es war gut, mit dem Freund oder der Freundin zusammenzusein. Wir haben viel miteinander
erlebt, unser Leben geteilt. Das, was wir miteinander erfahren haben, wird bleiben, auch wenn
unsere Wege sich trennen. Dann geht die Freund-

schaft nicht kaputt. Es zerbricht nichts. Es geht nur anders weiter. Ich bin dankbar für das, was war. Und zugleich bin ich bereit, das Vergangene loszulassen.

Im Laufe des Lebens lernt man viele Freunde kennen. Man kann nicht zu allen Freunden das ganze Leben lang die gleiche intensive Beziehung pflegen. Manche Freunde werden bleiben, andere werden sich wieder entfernen. Es gibt auch in der Freundschaft verschiedene Phasen. Da gibt es Phasen, in denen man eine große Nähe spürt. Dann braucht man wieder mehr Distanz. Eine gesunde Freundschaft lebt von einem guten Miteinander von Nähe und Distanz. Freundschaft ist etwas Beständiges mitten in der Mobilität unserer Zeit. Und daher wird sie für den heutigen Menschen immer wichtiger. Die Freundschaft ist etwas, was bleibt inmitten der vielen Umbrüche eines Lebens.

Manche Soziologen werfen heute dem alten Freundschaftsideal vor, es sei zu romantisch und zu hoch. Sie vertreten die reine Zweckfreundschaft, die mir in ganz bestimmten Bereichen etwas bringt. Die Soziologin Ursula Nötzoldt-Linden spricht von der »Entzauberung der guten Freundschaft«, um die nützlichen und angenehmen Freundschaften aufzuwerten, in denen man nur ganz bestimmte Interessen miteinander teilt. Diese Zweckfreundschaften hätten in unserer Zeit die Aufgabe, der Gefahr der Vereinsamung entgegenzuwirken. Doch Harald Lemke meint zu Recht, daß solche Bagatellisierung der Freundschaft zu einem Sozialleben führt, »welches von Unverbindlichkeit, Unbeständigkeit, Ichbezogenheit und persönlicher Armut gekennzeichnet ist«.

Eine tiefe Freundschaft kann nur zu wenigen gelebt werden. Wer zu viele Freunde hat, kann sich in seinen vielen Beziehungen auch verlieren. Er nennt sie vielleicht Freunde, in Wirklichkeit sind es nur gute Bekannte. Schon Klopstock hält das für einen Selbstbetrug: »Leute, die sich in ihren Begriffen von der Freundschaft nicht höher schwingen können, als daß sie alle gute Bekannte für Freunde halten, denken, daß nichts gewöhnlicher in der Welt als die Freundschaft sei. Wie betrügen sie sich!« Bei Politikern und Wirtschaftsführern habe ich den Eindruck, daß sie möglichst viele ihre Freunde nennen müssen. In Wirklichkeit sind sie oft zur Freundschaft unfähig. Sie haben viele Kontakte, aber oft keinen wirklichen Freund.

Wer jedoch einige gute Freunde hat, den öffnet die echte Freundschaft auch für die Menschen, mit denen er in seinem Alltag umgeht.

Auch da entstehen dann freundschaftliche Kontakte, freundschaftliche Gespräche, Gefühle, Bindungen. Und doch werden sie nicht die gleiche Intensität haben wie die zu den engsten Freunden. Es ist wichtig, sich zu erlauben, daß es verschiedene Freundschaftsgrade gibt. Ich soll diese Grade gar nicht bewerten, sondern sie wahrnehmen, wie sie sind, und sie dankbar annehmen.

Die Freundschaft zwischen
Mensch und Tier

Als wir im kleinen Kreis über die Freundschaft
sprachen, tauchte auch das Thema der Freundschaft zu einem Tier auf. Ein Hund oder eine
Katze kann zu einem Freund werden, dem man
alles sagen kann. Psychologische Studien haben
gezeigt, daß ältere Menschen geistig wacher bleiben, wenn sie ein Haustier haben, wenn sie täglich ihren Hund ausführen oder mit ihrer Katze
spielen.

Natürlich kann die Freundschaft zu einem
Tier auch übertrieben werden. Weil man sich
nicht traut, sich auf Menschen einzulassen, kauft
man sich einen Hund oder eine Katze. Trotzdem
gibt es gute Formen einer Freundschaft zu einem
Tier. Da gibt es Situationen, in denen die Sprache die Quelle aller Mißverständnisse ist. In solchen Situationen weiß man sich in der Nähe eines
Tieres verstanden. Kinder erleben ihren Hund oft
als besten Freund. Er steht zu ihnen. Ihm können

sie alles erzählen. Er macht ihnen keine Vorwürfe. Er fühlt sich in ihre Gefühle ein. Er kann offensichtlich mitfühlen und verstehen, ohne zu bewerten. Das tut einem Kind gut. Eine Frau, die auf einem Bauernhof aufgewachsen ist, erzählte mir, wie sie nach der Schule zuerst in den Stall ging und den Kühen alles erzählte, was sie erlebt hatte. Da fühlte sie sich daheim. Da hörte man ihr zu, während ihre Eltern zuwenig Zeit hatten, um sich auf ihre Gefühle und Erlebnisse einzulassen.

Die Freundschaft zu einem Tier kann eine gute Einübung sein in die Freundschaft zu einem Menschen. Die Erfahrung eines treuen Hundes kann mir Mut schenken, auch an die Treue von Menschen zu glauben. Bei der Freundschaft zu einem Tier ist jedoch immer die innere Einstellung wichtig. Wenn ich mir einen Hund als Freund halte, weil ich die Menschen hasse oder verachte, dann verfestigt diese Freundschaft nur meine Menschenverachtung. Dann führt sie nicht zum Leben, sondern in die Isolation. Doch es gibt Menschen, die so enttäuscht und verletzt worden sind von Menschen, daß sie es nur wagen können, zu einem Tier Vertrauen aufzubauen. Ich kenne eine junge Frau, die schon sehr früh sexuell mißbraucht worden ist. Kein Therapeut kommt an diese Verletzung heran. Diese Frau hat ein sehr gutes Gespür für Pferde. Sie kann mit jedem Pferd umgehen, auch mit dem schwierigsten. Da fühlt sie Verständnis. Da ist Seelenverwandtschaft. Das ist die Grundlage, auf der dann auch allmählich Vertrauen zu Menschen wachsen kann.

Was Freunde für Kinder
und Jugendliche bedeuten

Die Psychologen haben die Bedeutung der Freundschaft für die Entwicklung des Kindes erforscht. Schon kleine Kinder im Kindergarten schließen Freundschaft. Solche Freundschaften wirken sich positiv auf die persönliche Entwicklung und auf die geistige Gesundheit des Kindes aus. Die Freundschaft schenkt dem Kind Sicherheit. Das Kind fühlt sich beim Freund gut aufgehoben. So kann es ohne Angst auch schwierige Situationen bestehen.

Durch Freundschaft wird auch die Erkenntnisfähigkeit des Kindes gesteigert. Denn das Kind unternimmt ja viel mit dem Freund. Es erforscht die Welt. Es lernt sich selbst und den Freund besser kennen. Es kann sich besser in verschiedene Situationen hineinbegeben und sich ihnen leichter anpassen. Und durch Untersuchungen hat man auch festgestellt, daß die Freundschaft die geistige Gesundheit des Kindes stützt. Kinder, die einen

Freund oder eine Freundin hatten, werden kaum einmal neurotisch. Und sie werden mit ihren neurotischen Mustern besser fertig. So spricht gerade die Gruppenpsychotherapie vom therapeutischen Wert der Freundschaft.

Die Freundschaft hat jedoch nicht nur für Kinder einen therapeutischen Wert, sondern noch mehr für Jugendliche. Auch hiermit hat sich die Entwicklungspsychologie befaßt. Freundschaften schenken emotionalen Rückhalt und bieten den jungen Menschen die Möglichkeit, »soziale Orientierungssicherheit« zu entwickeln, »ohne zwingend vorgegebene Rollen und Zugehörigkeiten«, so Gerhard Vowinckel. Jugendliche finden ihre eigene Identität in der Begegnung mit einem Freund oder einer Freundin. Sie lernen, über ihre Gefühle zu sprechen, anstatt sie zu unterdrücken. Sie können sich leichter von den Eltern lösen und ihren eigenen Weg entdecken und beschreiten. Und Jugendliche lernen in der Freundschaft, sich auf einen anderen Menschen einzulassen. Sie hören auf, egozentrisch nur um sich zu kreisen. Sie lernen, einen anderen zu verstehen und dadurch sich selbst besser zu beobachten. Gerade wenn Eltern ihre Kinder nicht mehr erreichen, ist es für sie gut zu wissen, daß die Kinder nicht allein sind, sondern daß sie gute Freunde haben.

Allerdings höre ich oft von der Sorge mancher Eltern, daß ihre Kinder die falschen Freunde haben, Freunde, die keine Werte mehr achten, die nur noch miteinander trinken oder gar Drogen nehmen. Gerade in der Jugend gibt es viele Orte, an denen Freundschaft eingeübt werden kann. Da ist der Sportsfreund, den man beim Sport trifft. Da ist der Musikfreund, der in der gleichen Band spielt, die Schulfreundin, die Freundin, die man bei der Skifreizeit kennengelernt hat. Gleiche Ziele verbinden Jungen oder junge Mädchen miteinander. Sie geben sich gegenseitig Halt, nicht nur in der Erreichung des Zieles, sondern oft genug auch im persönlichen Bereich.

Eine junge Frau, die in der Jugendarbeit tätig ist, erzählte, wie wichtig es für Jugendliche ist, Freunde zu haben. Wenn man sie fragt, wie viele Freunde sie hätten, antworten sie oft: Ich habe achtzehn, ich habe siebenundzwanzig. Möglichst viele Freunde zu haben ist wie ein Statussymbol. Es beweist, daß man etwas wert ist, daß man geachtet und beliebt ist. Allerdings kann man gar nicht so viele gute Freunde haben. Jugendliche verwechseln manchmal gute Bekannte mit Freunden. Oder sie bezeichnen jeden in ihrer Clique als Freund. Ganz wichtig ist für junge Menschen, daß sie sich »zugehörig« fühlen. Soziologen sagen uns, daß das Gefühl der Zugehörigkeit heute für viele die Voraussetzung ist, daß sie sich als wertvoll erleben.

Eine andere Frage, die Jugendliche dem Freund oder der Freundin stellen, ist: »Bin ich dein bester Freund, deine beste Freundin?« Es ist offensichtlich wichtig, daß bei den vielen Freunden, mit denen man zusammen ist, einer oder eine dabei ist, für die oder den man der wichtigste Mensch ist. In dieser Frage drückt sich die Sehnsucht aus, für einen andern einmalig und einzigartig zu sein. Antoine de Saint-Exupéry läßt den Kleinen Prinzen erkennen, daß seine Rose zwar allen anderen gleicht, daß sie aber doch einzigartig ist. Der Fuchs schickt den Kleinen Prinzen zum Rosenfeld: »Geh die Rosen wieder anschauen. Du wirst begreifen, daß die deine einzig ist in der Welt.« Und als der Junge die Rosen betrachtet, geht ihm auf, daß sie zwar schön sind, aber letztlich noch nichts sind. Denn »niemand hat sich euch vertraut gemacht, und auch ihr habt euch niemandem vertraut gemacht ... Irgendwer, der vorübergeht, könnte glauben, meine Rose ähnle euch. Aber in sich selbst ist sie wichtiger als ihr alle, da sie es ist, die ich begossen habe.« Für junge Menschen ist es wichtig, daß sie in der Freundschaft nicht nur gute Sozialkontakte einüben, sondern daß sie sich mit einem Freund oder einer Freundin vertraut machen. Nur so entsteht eine Offenheit, daß sie sich mitten in der Ungeborgenheit dieser Welt in der Gegenwart des anderen zu Hause fühlen.

Männerfreundschaften

In der Antike haben die Weisen vor allem die Freundschaft zwischen Männern gepriesen. Homer schreibt wunderbare Verse über die Freundschaft zwischen Achilles und Patroklos. In der griechischen Tragödie wird das Freundespaar Orestes und Pylades als Vorbild hingestellt. C. S. Lewis hat das Entstehen der Männerfreundschaften aus der Kameradschaft bei der Jagd beschrieben. Solange die Männer gemeinsam auf die Jagd gingen, waren sie Kameraden. »Freundschaft entsteht aus bloßer Kameradschaft, wenn zwei oder mehr Kameraden entdecken, daß sie eine Einsicht, ein Interesse oder auch einen Geschmack teilen, der andern nichts bedeutet.« Freundschaft entsteht nicht durch die Frage »Liebst du mich?«, sondern vielmehr: »Erkennst du dieselbe Wahrheit?«

Einen Freund findet nach C. S. Lewis nicht der, der einen braucht, sondern der, der mit einem anderen etwas teilt, was sie beide übersteigt, der

Geschmack an der gleichen Schönheit oder Wahrheit hat. »Wir können nur Freunde haben, wenn wir noch etwas anderes als Freunde haben wollen.« Freunde brauchen gleiche Ziele. »Wer kein Ziel hat, kann keine Reisegefährten haben.« Aber das Ziel, die gemeinsame Vision, die die Freunde verbindet, darf sie nicht so in Beschlag nehmen, daß sie einander übersehen. Vielmehr ist das gemeinsame Anliegen »der Raum, in dem ihre Liebe und das Wissen umeinander leben«.

Nicht nur die griechische und römische Literatur kennen wunderbare Beispiele von Männerfreundschaften. Die Bibel stellt uns die Freundschaft zwischen David und Jonatan in bewegenden Worten vor Augen. Als Jonatan im Kampf fällt, singt ihm David ein Abschiedslied: »Weh ist mir um dich, mein Bruder Jonatan. Du warst mir sehr lieb. Wunderbarer war deine Liebe für mich als die Liebe der Frauen.« (Zweites Buch Samuel 1, 26) Im Neuen Testament begegnen wir dem Phänomen der Freundschaft vor allem bei Lukas und Johannes. Lukas nennt die Jünger Freunde Jesu, und er beschreibt die Jerusalemer Urgemeinde wie einen hellenistischen Freundesbund. Das Johannesevangelium spricht von der besonderen Liebe Jesu zu »dem Jünger, den Jesus liebte«. Das Mittelalter hat diese Liebe in der sogenannten »Johannesminne« auf sehr intime Weise dargestellt. Sie identifiziert den Lieblingsjünger mit Johannes. Johannes sitzt neben Jesus, legt seine Hand in Jesu Hand und lehnt seinen Kopf liebevoll an seine Brust. Die biblische Hochschätzung der Männerfreundschaft wird in der christlichen Tradition weitergeführt. Da gibt es zahlreiche Männer, die einander Freundschaft zeigen und ihre Freundschaft als Gottesgeschenk verstehen: Basilius von Caesarea und Gregor von Nazianz, Bernhard von Clairvaux und Wilhelm von Saint Thierry, Ignatius von Loyola und Franz Xaver.

Auch heute sind für viele Männer ihre Freunde wichtig. Es gibt viele Männerclubs und Männervereine wie den Sportverein, den Skatclub, die Rotarier, den Lionsclub und wie sie alle heißen. In diesen Clubs sitzt man gemütlich zusammen, man tauscht sich aus und unternimmt etwas miteinander. Und es gibt wichtige persönliche Freunde. Mit ihnen wollen die Männer auch weiterhin Freundschaft leben, wenn sie sich in eine Frau verliebt haben oder wenn sie verheiratet sind. Für viele Partnerinnen in einer Beziehung und für viele Ehefrauen ist das ein Problem. Sie meinen, der Mann müsse nun alle seine Liebe nur ihnen zeigen. Doch offensichtlich braucht der Mann auch den Freund, um ganz er selbst zu werden. Selbst die Liebe zu seiner Frau, auch wenn sie noch so erfüllend ist, ersetzt ihm nicht auf Dauer die Freundschaft mit anderen Männern. Wenn Männer aus Rücksicht auf ihre Frau mit ihren Freunden brechen, so tut das in der Regel der Ehe nicht gut. Freunde geben der Ehe einen größeren und solideren Rahmen. Die Freundschaft mit anderen Männern bereichert die Liebe zwischen Mann und Frau, anstatt sie zu gefährden. Sie entlastet sowohl den Mann als auch die Frau vor Übererwartungen. Die Frau kann nicht alle Erwartungen des Mannes erfüllen und umgekehrt. Beide brauchen noch andere Beziehungen, damit die eigene Beziehung das richtige Maß findet.

Der Mann braucht Männerfreundschaften, damit er seine Identität als Mann findet. Er wird befruchtet durch die Freundschaft und Liebe zu einer Frau. Aber er muß sich auch dem Mann in sich stellen, indem er mit Männern Freundschaft pflegt. Natürlich gibt es unter Männern oft sehr oberflächliche Freundschaften, verzweckte Freundschaften. Aber es gibt auch die Erfahrung einer intensiven Freundschaft zu einem Mann. Vor ihm kann man sich zeigen. Da fällt alle Rivalität weg, die sonst oft unter Männern herrscht. Da ist Verständnis. Da kann ich über meine Männerphantasien und Männerängste sprechen, ohne belächelt zu werden. Und da spüre ich etwas von der Qualität, die das Mannsein mit sich bringt. Bert Hellinger meint, der Mann müsse für seine Männlichkeit auftanken, indem er Männer zu Freunden hat. Allerdings gibt es da manchmal auch Probleme, wenn der Mann wieder mehr Zeit mit seinen alten Freunden verbringt und die Studienzeit zu wiederholen scheint. Dann kann die Frau den Eindruck haben, daß ihr Mann nicht an seiner Freundschaft wächst, sondern innerlich wie äußerlich stehenbleibt. Und solche Freundschaft kann dann zur Konkurrenz für die Ehe werden. Die Frau hat keine Chance, in die alte Studienclique hineinzukommen. Aber im Normalfall befruchtet die Männerfreundschaft die Ehe. Der Mann lernt in der Freundschaft zu anderen Männern, seine Gefühle zu äußern. Das ermöglicht es ihm auch, seiner Frau gegenüber mehr von sich und seiner inneren Verfassung mitzuteilen.

Frauenfreundschaften

In der Jugend sind für Mädchen ihre Freundinnen sehr wichtig. Mit ihnen tauschen sie aus, was ihnen auf dem Herzen liegt. Ihnen können sie ihre Gefühle zeigen. Bei manchen halten diese Jugendfreundschaften sehr lange, auch wenn eine Frau schon lange verheiratet ist. Auch hier zeigt die Erfahrung, daß solche Freundschaften zu anderen Frauen ihrer Ehe guttun. Denn wenn eine Frau zu sehr auf ihren Mann fixiert ist, wird sie leicht abhängig. Sie verliert ihre eigene Identität als Frau. Sie definiert sich nur von ihrem Mann her. Mit ihrer Freundin kann sie besprechen, wie es ihr in ihrer Ehe geht. Da kann sie über ihre ambivalenten Gefühle reden, ohne sich rechtfertigen zu müssen. Sie kann erzählen und von den Erfahrungen der Freundin lernen. Und vor allem stärkt die Freundschaft zu einer Frau ihr Selbstwertgefühl. Im Gespräch mit ihrem Mann fühlt sie sich vielleicht oft unterlegen. Wenn sie ihre Konflikte mit einer Freundin bespricht, sieht sie klarer. Sie erkennt, wo der Mann sich nur auf den Verstand zurückzieht und seine Gefühle abwehrt. Das gibt ihr Mut, zu sich zu stehen und ihrem inneren Gefühl zu trauen.

Auch wenn Männerfreundschaften in der Literatur im Vordergrund stehen, gibt es genügend Beispiele wertvoller Frauenfreundschaften. In der griechischen Literatur ist es vor allem Plutarch, der die Freundschaft zwischen Frauen besingt. Alle großen Frauen in der Weltliteratur haben auch Freundinnen. Ihre Stärke zeigt sich auch darin, daß sie ihr Inneres mit einer Freundin teilen.

Es gibt verschiedene Arten von Frauenfreundschaften. Da gibt es Freundschaften zwischen unverheirateten Frauen. Sie begleiten einander, geben einander Halt. Sie tauschen sich aus, teilen ihre Erfahrungen, ihre Gefühle, ihre Erlebnisse. Sie verreisen miteinander und haben die gleichen Interessen. Manchmal befruchten sie sich gegenseitig auf ihrem spirituellen Weg. Viele verheiratete Frauen sind mit anderen verheirateten Frauen befreundet. Während ihre Männer auf der Arbeit sind, treffen sie sich, sprechen über die Kinder und über ihre Partnerschaft. Die Freundschaft mit anderen Frauen gibt ihnen ein Gefühl von Heimat, vor allem dann, wenn die Familie wegen der Arbeitssituation des Mannes immer wieder einmal umziehen muß. Die Freundschaft zwischen einer unverheirateten und einer verheirateten Frau hat ihren eigenen Wert. Oft ist sie für beide fruchtbar. Die verheiratete hat durch ihre Freundschaft teil an der Welt der unverheirateten und umgekehrt. Das erweitert ihren Horizont und relativiert ihre Probleme.

Während früher die Männer glaubten, sie allein seien zur Freundschaft fähig, zeigen heute viele Frauen, wie sie auf ihre Weise echte Freundschaft leben. Sie erfahren, was Anna Luise Karsch mit den Worten ausgedrückt hat: »Meine Freunde sind das kostbarste Geschenk meines Glückes. Ich vertausche sie nicht für Reichtümer.« Viele Frauen fühlen sich von ihren Freundinnen genauso gehalten wie von ihren Familien. Die Schriftstellerin Zenta Maurina schreibt echten Freundinnen die Fähigkeit zu, »trübe Dezemberstunden in Maitage zu verwandeln und mitten in der Nacht ein Licht zu entzünden«. Frauen verzwecken ihre Freundschaften nicht. Für sie ist einfach die Beziehung wichtig, die Freude am andern, die Möglichkeit, mit der Freundin zu sprechen, ihr alles anzuvertrauen, was sie bewegt. Frauen schenken einander Heimat und Geborgenheit. Sie haben den Mut, auch ihre Schwäche vor der Freundin zu zeigen und alle Gefühle, die auftauchen, auch zum Ausdruck zu bringen. So wachsen sie an der Freundschaft, erkennen sich selbst immer tiefer und lernen, sich bedingungslos anzunehmen, ohne sich selbst und die Freundin zu bewerten.

Freundschaften zwischen Frauen und Männern

Zwischen Männern und Frauen, so glauben viele, gebe es nur die erotische, oder genauer die sexuelle Liebe. Irgendwann ende jede Freundschaft zwischen einem Mann und einer Frau im Bett. Doch die berühmten Freundschaften zwischen Franz von Assisi und Klara, zwischen Teresa von Avila und Gracian, zwischen Franz von Sales und Johanna von Chantal zeigen, daß es echte Freundschaften zwischen Männern und Frauen gibt, die beide befruchten. In diesen Freundschaften ist natürlich auch die Kraft des Eros anwesend. Der Eros verbindet die Freunde miteinander. Er zeigt sich als etwas Prickelndes, Belebendes, Betörendes. Aber er wird nicht sexuell ausgelebt. Gerade der Verzicht auf ausgelebte Sexualität macht den Reiz der Freundschaft zwischen Mann und Frau aus. Mann und Frau inspirieren einander.

Teilhard de Chardin, der als Jesuit ein bedeutender Naturwissenschaftler und Forscher war, schreibt einmal: »Von dem Augenblick an, da ich begann, zu mir selbst zu erwachen und mich wirklich selbst auszudrücken, sich nichts mehr in mir entfaltete, es sei denn unter dem Blick und unter dem Einfluß einer Frau.« Die Freundschaft zu drei Frauen, mit denen er zahlreiche Briefe wechselte, hat ihn für die eigentlichen Probleme der Menschwerdung sensibilisiert.

Die Freundschaft zwischen Mann und Frau hat immer etwas Inspirierendes und Belebendes. Heute meinen viele Männer, sie müßten eine Frau erobern. Doch Nähe zu spüren, die belebende Kraft des Eros wahrzunehmen und auf die Eroberung zu verzichten, führt zu einer eigenen Kultur von Beziehung zwischen Mann und Frau. Natürlich kann sich in einer Freundschaft zwischen Mann und Frau die Sexualität so regen, daß sie sich verlieben und zu einem Liebespaar werden.

Es gibt verschiedene Arten von Freundschaft zwischen Männern und Frauen. Da sind die Jugendfreundschaften. Ein junger Mann ist mit einer jungen Frau befreundet. Aber es ist zwischen ihnen klar, daß sie keine sexuelle Beziehung und keine Ehe eingehen wollen. Sie bleiben einander Freunde. Sie teilen gemeinsame Interessen, gehen miteinander ins Konzert und können sich wunderbar unterhalten. Dann gibt es die vielen Singles, die sich nicht für eine dauerhafte Beziehung entscheiden können. Sie pflegen Freundschaften. Oft verbinden sie die Freundschaft mit einer sexuellen Beziehung. Aber sie verstehen sich trotzdem nicht als Liebespaar, sondern als Freunde.

Und es gibt die Freundschaft zwischen Männern und Frauen, die sich bewußt für die Ehelosigkeit entschieden haben. Sie verzichten auf die sexuelle Erfüllung. Peter Schellenbaum meint, der Verzicht auf die gelebte Sexualität bedeute nicht das Absterben des Eros. Oft sind solche Freundschaften von der Eroskraft getränkt und voller Lebendigkeit und Wohl-Lust.

Oft verliebt sich eine verheiratete Frau in einen anderen verheirateten Mann. Für beide ist klar, daß sie ihre Ehe nicht gefährden wollen. Dann bleibt nur der Weg, ihr Verliebtsein in eine Freundschaft zu wandeln. Allerdings ist das nicht so einfach. Was der Kopf möchte, kann das Herz oft nicht nachvollziehen. Es möchte doch den anderen für sich besitzen. Und es träumt oft vom Freund oder von der Freundin, die so ganz andere Saiten in ihnen zum Klingen bringen als der Ehepartner. Oft erzählen mir Frauen, daß sie bei einem Kurs einen Mann kennengelernt haben, mit dem sie über spirituelle Themen sprechen können, der sie geistig befruchtet. Sie haben dann Angst, mit ihrem Mann darüber zu sprechen. Er könnte eifersüchtig werden und die Freundschaft verbieten. Es ist natürlich immer eine Gratwanderung. Dreiecksbeziehungen – so hat Hans Jellouscheck überzeugend gezeigt – sind auf Dauer nicht möglich. Aber wenn die Freundschaft klar ist und auch mit dem eigenen Ehepartner ehrlich angeschaut werden kann, dann kann sie durchaus die Ehe befruchten. Sie darf nur nicht zur Flucht vor der Ehe werden.

Es ist verständlich, daß der Mann nicht alle Bedürfnisse seiner Ehefrau und die Frau nicht alle Sehnsüchte ihres Mannes erfüllen kann. Da gibt es immer Männer und Frauen, die eine Seite in mir ansprechen, die vom Partner nicht angesprochen wird. Aber ich muß mir klarwerden, daß sich dann in die Freundschaft auch meine sexuellen Bedürfnisse einschleichen. Und dann muß ich mich dafür entscheiden, auf die gelebte Sexualität in der Freundschaft zu verzichten. Sonst wäre es keine Freundschaft mehr, sondern eine Liebesbeziehung, die die eigene Ehe gefährdet. Es braucht sehr viel Behutsamkeit und Offenheit füreinander, damit eine Freundschaft zwischen Verheirateten gelingt.

Spirituelle Freundschaften
zwischen Frauen und Männern

In der geistlichen Tradition des Christentums gibt
es viele Freundschaften zwischen Männern und
Frauen. Sie haben ihre Freundschaft nicht als Ge-
gensatz zu ihrer Freundschaft mit Gott erfahren.
Im Gegenteil, sie durften erleben, wie ihre Liebe
zu Gott wuchs, wenn sie sich mit dem Freund
oder der Freundin innerlich verbunden wußten.
Der spirituelle Austausch mit dem anderen beflü-
gelte sie auf ihrem inneren Weg zu Gott.

Teresa von Avila hat zu ihrem Beichtvater Gracian eine tiefe affektive Nähe gespürt. Die Freundschaft mit ihm und mit ihrem geistigen Gefährten,
Johannes vom Kreuz, hat sie dazu geführt, von
der Freundschaft mit Gott zu sprechen. Beten
bedeutet für sie, mit Gott wie mit einem Freund
zu reden. Und Meditation heißt für sie »Ver-
weilen bei einem Freund«. Teresa hat vor allem
zu Jesus Christus eine intensive Freundschaft
empfunden. In Jesus begegnet ihr Gott in einem

menschlichen Antlitz. Mit diesem Menschen, mit dem Mann Jesus kann sie freundschaftlich umgehen. Da weiß sie sich geliebt. Seine Worte läßt sie in ihr Herz fallen und fühlt sich davon angerührt. Sie geht mit Jesus ihre Wege. Sie weiß sich in den Gefährdungen ihres Lebens nicht allein. Sie geht mit ihrem Freund. Und sie fühlt sich von diesem Freund geliebt. Und diese Liebe hat auch eine erotische Färbung, genau wie ihre Liebe zu Gracian. Von ihrer Freundschaft zu Jesus sagt sie: »Wir wollen zusammen gehen, mein Herr! Wohin du auch gehst, dahin muß auch ich gehen, und was du erduldest, das muß auch ich erdulden.« Für Teresa war die Freundschaft zu Jesus der eigentliche Grund ihres Lebens. Jesus half ihr, alle Leiden froh durchzustehen: »Wenn ein so guter Freund dabei ist, zusammen mit einem so guten Anführer, der sich als erster ins Leiden stürzte, kann man alles ertragen: Er hilft und gibt Kraft, er versagt nie, er ist ein echter Freund.«

Teresa rät ihren Schwestern, die sich auf den Weg des inneren Gebetes machen, sich um freundschaftliche Beziehungen zu anderen zu bemühen. Denn wer alleine das innere Beten beginnt, kann leicht in die Irre gehen: »Darum möchte ich denen, die inneres Beten halten, raten, daß sie zumindest am Anfang die Freundschaft und die Aussprache mit anderen Menschen suchen, die dasselbe Anliegen haben.«

Viele Mystiker und Mystikerinnen haben die Freundschaft zu einem Mann oder einer Frau als Hilfe auf ihrem Weg zum Einswerden mit Gott erfahren. Teresa hat in der Freundschaft zu Gracian und Franziskus in der Freundschaft zu Klara ein spirituelles Einswerden erfahren. William Johnston, Fachmann für mystische Theologie, spricht von der Möglichkeit, daß Mann und Frau sich spirituell vereinigen können »ohne den physischen Ausdruck der sexuellen Vereinigung«. Die Freundschaft zwischen Mann und Frau ist für Johnston ein Weg zur Erleuchtung. Auf diesem Weg der Erleuchtung finden die Mystiker ihr wahres Selbst. Manche meinen, dieser Weg sei ein rein individueller Weg. Doch die mystische Tradition zeigt uns, daß gerade die Freundschaft den Menschen öffnet, von Gott erleuchtet zu werden. Jesus hat auf dem Berg die Verklärung erfahren, als er gemeinsam mit seinen Freunden betete. (Vgl. Lukas 9,28ff)

Ich kenne viele Männer und Frauen, die aus der Freundschaft zu Jesus leben. Die Freundschaft zu Jesus gibt ihrer Spiritualität etwas Warmes und Menschliches. Natürlich sollen wir uns immer wieder auch fragen, ob wir in Jesus unsere unerfüllten Wünsche hineinprojizieren, ob wir seine Freundschaft suchen, weil wir keine menschliche Freundschaft gefunden haben. Aber wenn Jesus nur als Ersatzfreund gesehen wird, spürt man es an der Auswirkung auf den Alltag. Da geht dann bei aller Spiritualität etwas Aggressives, Frustriertes, Unzufriedenes aus. Wer aber die Freundschaft zu Jesus wirklich erfährt, dessen Herz wird weit. Er strahlt Güte und Milde aus, Liebenswürdigkeit und Freundlichkeit. Er fühlt sich in seinem Herzen daheim, weil er Jesus an seiner Seite weiß. Er wird auch die Menschen freundlich behandeln. Seine Freundschaft zu Jesus strahlt auf seinen Umgang mit dem Nächsten aus. Bei Teresa von Avila, bei Franziskus und bei manchem russischen Starez begegnen wir einer liebenswürdigen Zärtlichkeit, in der sich ihre Freundschaft mit Jesus ausdrückt.

Jesus als Freund

Jesus nennt im Johannesevangelium seine Jünger Freunde. »Ich nenne euch nicht mehr Knechte; denn der Knecht weiß nicht, was sein Herr tut. Vielmehr habe ich euch Freunde genannt; denn ich habe euch alles mitgeteilt, was ich von meinem Vater gehört habe.« (Johannes 15,15)

Zur Zeit Jesu wird der, der Gott dient, »Knecht Gottes« genannt. »Knecht« bezeichnete in der Antike das Verhältnis des Menschen Gott gegenüber. Nur besondere Menschen wie Abraham werden Freunde Gottes genannt. Jesus nennt seine Jünger Freunde. Und er zeigt, worin das Wesen der Freundschaft besteht. Er hat ihnen alles mitgeteilt, was er von seinem Vater gehört hat. Er hat seine Gefühle, seine Erfahrungen, sein Wissen, seine Liebe mit ihnen geteilt. Er hat sich ihnen vertraut gemacht. Er hat ihnen sein Herz geöffnet. Jesus bietet den Jüngern nicht seine Freundschaft an, sondern er macht sie zu Freunden durch die Worte, die er zu ihnen spricht, und durch die Liebe, mit der er sie bis zur Vollendung liebt. Seine Liebe ist letztlich der Grund ihrer Freundschaft: »Es gibt keine größere Liebe, als wenn einer sein Leben für seine Freunde hingibt.« (Johannes 15,13) Johannes benutzt hier die hellenistische Tradition vom Sterben für einen Freund, um das Geheimnis der Freundschaft zwischen Jesus und seinen Jüngern und das Geheimnis von Jesu Tod auszudrücken. Jesus hat sein Leben am Kreuz für seine Freunde hingegeben. Aus dieser Liebe heraus leben sie. Von dieser Liebe sind sie erfüllt. Der einseitige Akt der Liebe Jesu hat die Jünger dazu befähigt, nun selbst zu seinen Freunden zu werden, die verbunden sind durch die Liebe, die in ihnen und zwischen ihnen strömt.

In der frühen Kirche waren die Christen sehr berührt von Jesu Zusage, daß sie seine Freunde sind. Clemens von Alexandrien unterscheidet bei der geistlichen Entwicklung des Christen den Gläubigen vom Freund. Zuerst sind wir Glaubende. Doch unser Ziel ist es, Freund Jesu und Freund Gottes zu werden. Doch da sich vor allem die von der Kirche bekämpften Gnostiker als Gottesfreunde bezeichneten, setzte sich die Bezeichnung der Christen als Freunde Jesu nicht durch. Vielmehr bevorzugte man das Wort »Brüder«, das einen innigen und warmen Klang bekam. Doch vor allem in der mystischen Tradition wurde das Wort »Freund Jesu« oder »Gottesfreund« immer hochgeschätzt. So spricht der mittelalterliche Mystiker Thomas von Kempen in der »Nachfolge Christi« von der »vertrauten Freundschaft mit Jesus«. Sie gibt dem Christen Trost und Halt. Daher sollen wir uns im Empfang der Eucharistie innig mit Jesus verbinden, »daß du allein mit mir redest und ich mit dir, wie der Liebende mit dem Geliebten zu reden und der Freund mit dem Freunde umzugehen pflegt«. Darin kommt wohl das Wesen der Freundschaft zur Vollendung, daß wir Freunde und Freundinnen Jesu sind, daß wir mit ihm reden können wie mit einem Freund, daß er uns auf unserem Weg begleitet und mit einer Liebe liebt, die selbst das eigene Leben nicht schont.

Für mich persönlich ist die Betrachtung des Kreuzes der Ort, an dem ich die Freundschaft mit Jesus am intensivsten spüre. Am Kreuz hat sich Jesus für mich hingegeben, ohne damit zu rechnen, daß ich ihm etwas zurückgebe. Er hat mich geliebt, ohne daß ich dafür etwas getan hätte. Und er hat in dieser Liebe gewußt, daß ich oft genug an dieser Liebe vorbeigehe und sie übergehe. Die offenen Arme Jesu am Kreuz sagen mir: »Du bist ganz und gar geliebt. Ich gehe mit dir, selbst wenn du von mir weggehst. Ich bin bei dir, auch wenn dich das Kreuz trifft. Ich halte meine Arme für dich auf, um dich zu umarmen. Ich warte auf dich, bis du dich in meine Arme wirfst. Du bist frei. Ich verlange nichts von dir. Doch du kannst auf mich bauen. Mein Herz steht für dich offen. Du kannst dich darin bergen mit allem, was in dir ist.«

Die Betrachtung des Kreuzes sagt mir aber noch etwas anderes. Es zeigt mir, daß Christus uns im Tod bis zur Vollendung geliebt hat. Die Vollendung der Liebe geschieht im Tod. Das gilt für jede große Liebe. Nicht umsonst haben die großen Liebenden immer auch den Tod mit einbezogen in ihre Liebe: Romeo und Julia, Tristan und Isolde. Freundschaft gelingt nur, wenn wir bereit sind, immer wieder zu sterben. Wir müssen unsere Vorstellungen vom andern loslassen, unsere Besitzansprüche, unsere Erwartungen. Freundschaft wächst, wenn die Bilder zerbrechen, die wir uns vom andern gemacht haben. Manchmal geht die Freundschaft durch die Finsternis. Alles, worauf wir vertraut haben, zerbricht. Wir lassen uns auf unbekanntes Gelände ein. Um mit dem andern eins werden zu können, müssen wir sterben, müssen wir unser Ego aufbrechen, damit es offen wird für den andern. Im Tod Jesu sehe ich daher ein Bild für wahre Freundschaft. Nur wer durch den Tod des eigenen Ego schreitet, wird die Tiefe einer Freundschaft ermessen können.

Die Beziehung von Liebe und Tod hat aber noch eine andere Dimension. Das Hohelied kennt den wunderbaren Satz: »Stark wie der Tod ist die Liebe ... Auch mächtige Wasser können die Liebe nicht löschen; auch Ströme schwemmen sie nicht weg.« (Hohelied 8,6f) Die Liebe zum Freund geht über den Tod hinaus. Sie hofft über den Tod hinaus. Gabriel Marcel sagt von der Liebe: »Einen Menschen lieben heißt ihm sagen: Du, du wirst nicht sterben.« In der Freundschaft ist etwas Unzerstörbares, Göttliches, das auch durch den Tod nicht zerstört werden kann. So rührt die Freundschaft an die wohl entscheidende Erfahrung jedes Menschen: daß der Tod unsere Liebe nicht zu zerstören vermag. Und sie rührt an die Grundtatsache unseres Glaubens, daß wir gerade durch den Tod Jesu Christi erlöst sind, befreit aus dem Gefangensein in uns selbst, aufgebrochen zu wahrem Leben und wahrer Liebe.

Schluß

Wenn du, lieber Leser, liebe Leserin, diese Gedanken über die Freundschaft liest, dann ist das noch keine Garantie, daß du einen Freund oder eine Freundin findest oder daß deine Freundschaft gelingt. Ich weiß nicht, wie es dir geht, ob du gerade in einer beglückenden Freundschaft lebst oder ob du dich von deinem Freund oder deiner Freundin gerade verlassen fühlst. Vielleicht hast du dir geschworen, nie mehr eine Freundschaft einzugehen, weil der Abschied zu schmerzlich war. Dann möchten dich diese Zeilen ermutigen, dein Herz wieder für die Freundschaft zu öffnen. Wenn du deine Beziehungen anschaust, wirst du darunter sicher bei einigen die Qualität von Freundschaft wahrnehmen. Wenn du verheiratet bist oder in einer festen Liebesbeziehung lebst, dann möchte dir dieses Buch die Dimension der Freundschaft wieder stärker bewußt machen. Auch deine Ehe lebt davon, daß ihr einander gute Freunde seid. Die Liebe, auch die sexuelle Liebe, kann dieser Freundschaft immer wieder lustvolle Verbundenheit schenken. Aber was dich durch den Alltag trägt und was deiner Ehe Bestand gibt, das ist die Grundmelodie der Freundschaft.

Vieles von dem, was ich geschrieben habe, ist dir sicher bekannt. Es soll nur die eigenen Erfahrungen bestätigen und vertiefen und dich ermutigen, dich auf die Freundschaft einzulassen und in der Freundschaft dein wahres Selbst zu finden, deine einmalige Gestalt, die Gott dir zugedacht hat. Weil du so, wie du bist, einmalig bist, hat dich deine Freundin, hat dich dein Freund erwählt. Weil du diese Stärken und Schwächen hast, diese Höhen und Tiefen, ist die Freundschaft gerade zwischen euch beiden gewachsen. Du mußt in der Freundschaft nichts vorweisen. Du darfst so sein, wie du bist. Du erfährst in der Freundschaft deine wahre Würde und deine einzigartige Weise, zu denken, zu fühlen, zu sprechen und zu lieben.

Ich wünsche dir, daß sich deine Freundschaft durch das Lesen dieser Zeilen vertieft und daß du immer wieder staunst über das, was zwischen euch gewachsen ist, was ihr gemeinsam durchgetragen und erlebt habt. Wenn du beim Lesen traurig wirst, weil du nicht die Freundschaft erlebst, von der ich geschrieben habe, dann schaue dich in

deinem Leben um nach den Kameraden, Gefähr-
tinnen, Bekannten und Freundinnen, die du schon
erlebt hast. Vielleicht ist mit manchen eine tie-
fere Freundschaft möglich. Ich wünsche dir einen
Freund, mit dem du deine Gedanken und Gefühle,
deine Erfahrungen und Erlebnisse teilen kannst.
Ich wünsche dir eine Freundin, bei der du dich
zu Hause fühlst, in deren Nähe du dein wahres
Selbst entdecken und du dankbar sein kannst
für das Geschenk deines Lebens und für das Geschenk der Freundschaft.

Die Gedanken in diesem Buch wollen dich auf
deinem Weg der Freundschaft begleiten, damit
sie sich vertiefen und festigen kann. Wenn du die
Freundschaft betrachtest, die Gott dir geschenkt
hat, dann wirst du sicher mit Augustinus sagen
können, daß erst durch den Freund diese Welt
freundlich wird. Es ist nicht unser Verdienst,
wenn Gott uns einen Freund schenkt. In der
Freundschaft öffnet uns Gott die Augen für die
Schönheit des Freundes. Und dadurch bekommen wir einen neuen Blick für die ganze Welt.
Die Welt wird durch die Freundschaft zur Heimat. Das hat der große Dichter Johann Wolfgang von Goethe immer wieder erfahren. Und
mit einem oben schon zitierten Wort dieses erfah-
renen Mannes möchte ich schließen und dir wün-

schen, daß dir durch deine Freunde und Freundinnen die Welt freundlicher und heimatlicher
wird:

*Die Welt ist so leer, wenn man nur Berge, Flüsse
und Städte darin denkt, – aber hie und da Jemand zu wissen, der mit uns übereinstimmt, mit
dem auch wir stillschweigend fortleben, das macht
uns diesen Erdenrund erst zu einem bewohnten
Garten.*

Literatur

Aelred von Rievaulx, Über die geistliche Freundschaft, übersetzt von Rhaban Haacke, Trier 1978.

Ernst Bloch, Das Prinzip Hoffnung, Frankfurt 1959.

William Johnston, Spiritualität und Transformation. Erneuerung aus den Quellen östlicher und westlicher Mystik, München 1986.

Thomas von Kempen, Nachfolge Christi. Mit Anmerkungen von Félicité de Lamennais. Übersetzt von Hugo Harder, 5. Auflage, Düsseldorf 1995.

Harald Lemke, Freundschaft. Ein philosophischer Essay, Darmstadt 2000.

Ignace Lepp, Psychologie der Freundschaft, Freiburg 1972.

Clive Staples Lewis, Was man Liebe nennt. Zuneigung, Freundschaft, Eros, Agape, Basel 1979.

Antoine de Saint-Exupéry, Bekenntnis einer Freundschaft, Düsseldorf 1953.

Antoine de Saint-Exupéry, Der Kleine Prinz, Düsseldorf 1956.

Peter Schellenbaum, Tanz der Freundschaft, München 1993.

Heinz G. Schwieger, Eines Freundes Freund zu sein, Wiesbaden o. J. Diesem Buch verdanke ich zahlreiche Zitate aus der Dichtung und Philosophie.

Walter Sparn, Freundschaft, in: Die Religion in Geschichte und Gegenwart, 4. Auflage, Tübingen 2000, S. 355 f.

Kleines Freundschaftsbrevier. Verse und Aphorismen von Cicero bis Cocteau, München 1960. Diesem Buch verdanke ich eine Reihe von Zitaten, vor allem von Dichtern.

Christliche Freundschaft, Texte und Kommentare zu Themen christlicher Spiritualität, herausgegeben von J. Stöhr, St. Ottilien 1988.

Spiritualität bei dtv

Ditte und Giovanni Bandini
**Als Buddha noch nicht
Buddha war**
Geschichten aus früheren
Existenzen des Erleuchteten
ISBN 978-3-423-34352-7

Franz Binder
Kailash
Reise zum Berg der Götter
ISBN 978-3-423-34380-0

Chinesische Weisheiten
Hg. v. S. Schuhmacher
ISBN 978-3-423-34124-0

Deepak Chopra
Die göttliche Kraft
Die sieben Stufen der
spirituellen Erkenntnis
ISBN 978-3-423-36272-6

Khalil Gibran
Der Prophet
Übers. v. D. und G. Bandini
ISBN 978-3-423-36261-0

Der Traum des Propheten
Lebensweisheiten
Übers. v. D. und G. Bandini
ISBN 978-3-423-34144-8

Der Gesang des Propheten
Hg. v. Bettina Lemke
Übers. v. Ditte Bandini
ISBN 978-3-423-34451-7

Bernard Glassman
Das Herz der Vollendung
Unterweisungen eines west-
lichen Zen-Meisters
ISBN 978-3-423-34348-0

Glück
Ein Lesebuch zur
Lebenskunst
Hg. v. A. Löhndorf
ISBN 978-3-423-20521-4

Anselm Grün
**Menschen führen –
Leben wecken**
ISBN 978-3-423-34277-3

**Damit dein Leben Freiheit
atmet**
Reinigende Rituale für
Körper und Seele
ISBN 978-3-423-34392-3

Du bist ein Segen
ISBN 978-3-423-34474-6

William Hart
Die Kunst des Lebens
Vipassana-Meditation nach
S. N. Goenka
Übers. v. H. Bartsch
ISBN 978-3-423-34338-1

Andrew Harvey
Die Lehren des Rumi
Weisheiten des Herzens
Übers. v. D. und G. Bandini
ISBN 978-3-423-36235-1

**Die heilende Kraft der
Gefühle**
Gespräche mit dem Dalai
Lama über Achtsamkeit,
Emotion und Gesundheit
Hg. v. D. Goleman
Übers. v. F. R. Glunk
ISBN 978-3-423-36178-1

Bitte besuchen Sie uns im Internet: www.dtv.de

Spiritualität bei dtv

Helena Klitsie
Meine Reise nach Indien
Vom Abenteuer einer
spirituellen Suche
Übers. v. E. Klein
ISBN 978-3-423-34339-8

Indische Weisheiten
Hg. v. S. Schuhmacher
ISBN 978-3-423-34340-4

Sakyong Mipham
Wie der weite Raum
Die Kraft der Meditation
Übers. v. S. Schuhmacher
ISBN 978-3-423-24445-9

Den Alltag erleuchten
Die vier buddhistischen
Königswege
Übers. v. S. Schuhmacher
ISBN 978-3-423-24586-9

Geshe Michael Roach
Der Garten des Buddha
Tibetische Lehren
Übers. v. D. und G. Bandini
ISBN 978-3-423-36259-7

Die Weisheit des Diamanten
Buddhistische Prinzipien für
berufliche Erfolg und priva-
tes Glück
Übers. v. M. Wallossek
ISBN 978-3-423-34198-1

Drukpa Rinpoche
Tibetische Weisheiten
Lebensweisheiten eines tibe-
tischen Meditationsmeisters
Übers. v. S. Schuhmacher
ISBN 978-3-423-36143-9

Thich Nhat Hanh
**Wie Siddhartha zum
Buddha wurde**
Eine Einführung in den
Buddhismus
Übers. v. U. Richard
ISBN 978-3-423-34073-1

**Nimm das Leben ganz in
deine Arme**
Die Lehre des Buddha über
die Liebe
ISBN 978-3-423-34281-0

Weisheiten des Buddha
Hg. v. Anne Bancroft
Übers. v. E. Liebl
ISBN 978-3-423-36296-2

Weisheiten der Bibel
Hg. v. I. Seidenstricker
ISBN 978-3-423-34270-4

Worte, die wirken
Weisheiten für den Augenblick
Hg. v. I. Seidenstricker
ISBN 978-3-423-34435-7

Sylvia Wetzel
**Hoch wie der Himmel,
tief wie die Erde**
Meditationen zu Liebe,
Beziehungen und Arbeit
ISBN 978-3-423-34103-5

Worte des Friedens
Weisheiten von
Friedensnobelpreisträgern
Hg. v. B. Baudouin
Übers. v. S. Geithner
ISBN 978-3-423-34263-6

Bitte besuchen Sie uns im Internet: www.dtv.de

Klug mit Gefühlen umgehen

Daniel Goleman
EQ. Emotionale Intelligenz
Übers. v. F. Griese

ISBN 978-3-423-36020-3

EQ²
Der Erfolgsquotient
Übers. v. F. Griese und
T. Schmidt

ISBN 978-3-423-36211-5

Dialog mit dem Dalai Lama
Wie wir destruktive Emotio-
nen überwinden können
Übers. v. F. Griese

ISBN 978-3-423-34207-0

Die heilende Kraft der Gefühle
Hg. v. Daniel Goleman
Übers. v. F. R. Glunk

ISBN 978-3-423-36178-1

Eva Jaeggi
Liebe lieber ungewöhnlich

ISBN 978-3-423-34165-3

Verena Kast
Neid und Eifersucht
Die Herausforderung durch
unangenehme Gefühle

ISBN 978-3-423-35152-2

Der Schatten in uns
Die subversive Lebenskraft

ISBN 978-3-423-35160-7

Peter Schmidt
**Die Kraft der positiven
Gefühle**
Mit neuen Mentaltechniken
innerlich frei werden

ISBN 978-3-423-36256-6

Ute Lauterbach
LiebesErklärungen
Sterne und Stürme der Liebe
200 Ansichten und 1000 Fragen

ISBN 978-3-423-34199-8

**Werden Sie Ihr eigener
Glückspilot**
Ganz und anders leben

ISBN 978-3-423-34353-4

Joseph LeDoux
Das Netz der Gefühle
Wie Emotionen entstehen
Übers. v. F. Griese

ISBN 978-3-423-36253-5

Mia Törnblom
Was bin ich mir wert?
Selbstachtung als Schlüssel zu
einem erfüllten Leben
Übers. v. S. Engeler

ISBN 978-3-423-34473-9

Peter Uffelmann
Verzeih dir selbst
Die sieben Schritte zum
Selbstwertgefühl

ISBN 978-3-423-34086-1

Bärbel Wardetzki
Ohrfeige für die Seele
Wie wir mit Kränkung
und Zurückweisung besser
umgehen können

ISBN 978-3-423-34057-1

**Mich kränkt so schnell
keiner!**
Wie wir lernen, nicht alles
persönlich zu nehmen

ISBN 978-3-423-34173-8

Bitte besuchen Sie uns im Internet: www.dtv.de